I0751888

MEJORA TU FÚTBOL:

LAS JUGADAS A BALÓN PARADO EN FÚTBOL-11

Fichas teórico-prácticas para jugadores de 13 a 15 años

Antonio Wanceulen Ferrer

El uso genérico del masculino en la redacción de esta obra, no tiene otra pretensión que la de hacer su lectura más fluida, bajo un criterio de total respeto a la igualdad entre las personas.

Título:
MEJORA TU FÚTBOL: LAS JUGADAS A BALÓN PARADO EN FÚTBOL–11.
Subtítulo:
Fichas Teórico-Prácticas para Jugadores de 13 a 15 años.
Autor:
Antonio Wanceulen Ferrer.

Editorial: WANCEULEN EDITORIAL.
Sello Editorial: WANCEULEN EDITORIAL DEPORTIVA
Colección: WANCEULEN FÚTBOL FORMATIVO

I.S.B.N. (Papel): 978-84-9993-398-6
I.S.B.N. (Ebook): 978-84-9993-399-3
Dep. Legal:

Web: www.wanceulen.com
Email: info@wanceuleneditorial.com
C/. Cristo del Desamparo y Abandono, 56 41006 SEVILLA

Primera Edición: Año 2016

ÍNDICE

INTRODUCCIÓN

Objetivos de la Colección de manuales:"Mejora tu fútbol"

El presente trabajo forma parte de una colección de manuales que pretenden movilizar los conocimientos relacionados con el fútbol, de jóvenes futbolistas y que se redactan con el objetivo de que sea un medio útil para los jóvenes jugadores, de modo que les aporte una base teórica que favorezca su formación hacia altos niveles.

Se incluyen en los referidos manuales, contenidos que cubren todas las áreas presentes en la formación orientada hacia la élite del fútbol:

- Funciones básicas del futbolista en cada puesto
- Táctica del fútbol
- Jugadas a balón parado
- Técnica del fútbol
- Reglas de juego
- Condición física
- La salud del joven futbolista
- Actitud para llegar al alto rendimiento
- Etc.

El saber (teoría) facilita el hacer (práctica), pero no es la panacea.

En el caso de futbolistas en periodo de formación, consideramos de utilidad que dispongan de una base teórica organizada, que le servirá de gran ayuda para dominar los principios que su entrenador trata de aplicar en entrenamientos y partidos. El saber (teoría) facilita el hacer (práctica), pero no es la panacea, es solo una ayuda en el proceso formativo que orienta el entrenador, club, etc.

Estos manuales, son de contenidos básicos y están orientados, a las edades entre 13 y 15 años. En España a las categorías Infantiles y Cadetes.

Nos ha parecido una buena orientación aplicar estas fichas teóricas que pueden propiciar acciones un tanto interactivas y que pueden ayudar al joven en los aspectos cognitivos del juego, tan importantes en las etapas de Fútbol Formativo.

No es objeto del presente trabajo el profundizar en las distintas materias del fútbol, ni de que el joven futbolista le dedique un excesivo tiempo. Bastará con que la referida acción interactiva del joven futbolista con el manual, se promueva una mejora en los conocimientos de los conceptos del fútbol, lo cual beneficiará tanto los aspectos formativos como otras actividades relacionadas con este deporte. Con esto, será suficiente para que el presente trabajo logre sus objetivos.

Las obras de esta Colección incluyen contenidos teóricos para su estudio y comprensión, así como ejercicios prácticos para ser desarrollados por el joven futbolista.

En la edición en papel los ejercicios prácticos se resuelven en el mismo libro en las zonas indicadas para ellos para ello.

En la edición en ebook los ejercicios y actividades propuestas se desarrollaran externamente en cualquier cuaderno de notas, papeles en blanco o copias con plantillas impresas de los campos de juego.

Forma de hacer uso de los contenidos de los manuales de esta colección

Partimos de la base de que, a quien conoce la teoría de las distintas materias del fútbol, puede serle más fácil el practicarlo.

En el caso de futbolistas jóvenes, le facilitará el proceso de enseñanza/ aprendizaje que programe su entrenador.

El uso de este libro puede seguir el orden siguiente:

1º Leer los conceptos teóricos que se definen.

2º Revisar las jugadas de los gráficos que lleven propuestas de resolución de ejercicios.

3º El más importante, tu creatividad: utiliza las plantillas del gráfico de cada ejercicio, para hacer una propuesta distinta, personal, de cada jugada, que puede no coincidir con la propuesta del autor. Las puedes practicar en un papel en blanco.

4º La introducción del fútbol en la sociedad está tan generalizada, que una buena parte de los padres de jóvenes futbolistas, esos que conviven a diario en su esfuerzo deportivo, tienen unos conocimientos generales bastante amplios sobre este deporte y hemos pensado que dentro de la convivencia natural de ambos, el padre puede ayudarle a perfeccionar muchos conceptos teórico-prácticos.

Zonas y símbolos para representar las jugadas

A) División del terreno en zonas.**[Fig. 1]**

B) Símbolos utilizados para representar las jugadas **[Fig. 2]**

Símbolos y flechas para representar fácilmente a los jugadores y sus movimientos: conducciones, pases, tiro a puerta, trayectorias, etc.

Fig. 1

Fig. 2

- Símbolo que representa a un jugador del equipo A : 

- Símbolo que representa a un jugador del equipo B: 

- Desplazamiento del jugador sin balón: 

- Control orientado: 

- Desplazamiento del balón: 

- Conducción del balón:

- Desplazamiento balón por alto: 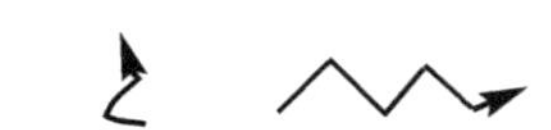

- Balón: 

I. DESARROLLO ORDENADO DE LAS JUGADAS A BALÓN PARADO

Para conseguir que el final de nuestra acción estratégica, sea exitosa es necesario que tengamos bien clarificado y bien ordenado el desarrollo que vamos a dar a la jugada a balón parado, haciéndolo de forma que, además sea compatible con criterios de simplificación, efectos de sorpresa y rapidez en su realización.

1. Repertorio de jugadas.

   Seguramente, no le faltarán al entrenador estrategias tanto muy elaboradas como las mas simplificadas, que precisamente, se automatizan fácilmente y suelen ser muy productivas.

   Los entrenadores, en general, disponen de un repertorio de acciones a balón parado, adecuado al grupo de jugadores y a la competición en que participan.

2. Hacer nuestras jugadas a balón parado, con organización y sin dudas

   Para que tengamos la capacidad de aplicar esas jugadas de forma ordenada, sin dudas, con adecuado automatismo y logrando sorprender, será siempre necesario que ese desarrollo ordenado de nuestras reanudaciones de juego a balón parado, lo trabajemos (suficientemente) en los entrenamientos.

3. Condiciones para la estrategia ofensiva

   Para que una jugada a balón parado ofensiva sea exitosa, es necesario entrenar y clarificar los siguientes aspectos:

   a) Clarificar: funciones de cada jugador, movimientos y si mulaciones y la distribución posicional básica.
   b) Designar quien será el lanzador del tiro a puerta, si es que el tiro se va a realizar directo.
   c) Designar: quien pone en juego el balón o bien, quien hace el tiro a gol, en caso de que hagamos lanzamiento indirecto.

4. Movimientos que conviene hacer en las acciones a balón parado
   Es necesario aplicar movimientos engañosos y simulaciones, provocando espacios libres, arrastre de marcadores, tapar salida hacia el balón de hombres desde la barrera o fuera de ella, teatralizar inteligentemente para que el contrario pierda eficacia marcadora y previsora, etc.

5. Precauciones defensivas en toda acción estratégica
   Sin entrar en este apartado en pormenorizar sobre estrategia defensiva, sí es necesario recordar que es fundamental que en cualquier momento del partido, debemos tomar precauciones que faciliten el rearme defensivo de nuestro equipo, incluso en acciones de estrategia ofensiva. Como ejemplo de sorpresa negativa, puede ser que estemos ejecutando una opción ofensiva al borde del área de penalty contraria, el portero bloque nuestro saque de falta y con toda rapidez envía en largo balón a sus puntas, que nos sorprenden y marcan.
   Para no ser sorprendido en las acciones siguientes a una jugada a balón parado, debemos aplicar el criterio de que a pesar de que estamos llevando a cabo una acción estratégica ofensiva, la distribución posicional que realicemos, permita el rearme inmediato de nuestra capacidad defensiva, iniciando nuestro repliegue con prontitud y recuperando rápidamente nuestras posiciones básicas sobre la acción del juego.

Ejercicio 1.

Nuestro equipo está realizando un saque libre directo en la zona 4 derecha.

En esta jugada están directamente implicados seis de nuestro jugadores (6, 7, 8, 9, 10 y 11), incluido el que hace el saque. La jugada de estrategia ha terminado con blocaje del portero contrario, que se dispone a iniciar contraataque. En esta situación estamos obligados a un rápido y ordenado repliegue. Nuestro equipo utiliza el sistema 1-4-4-2.

▶ Representa la posición en que crees que deben quedar los jugadores, después del repliegue colectivo.

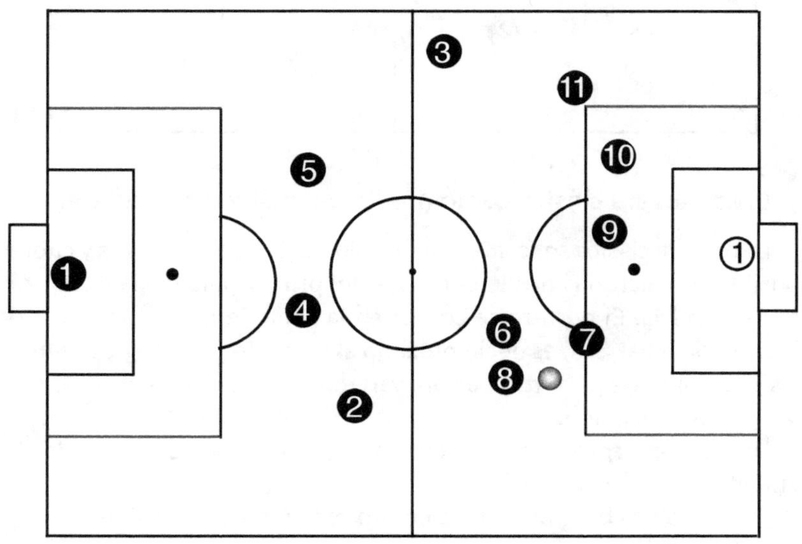

Propuesta para Ejercicio 1.

Una de las posiciones en que pudiera quedar nuestro equipo después de haber realizado el saque libre a nuestro favor y el oportuno repliegue colectivo.

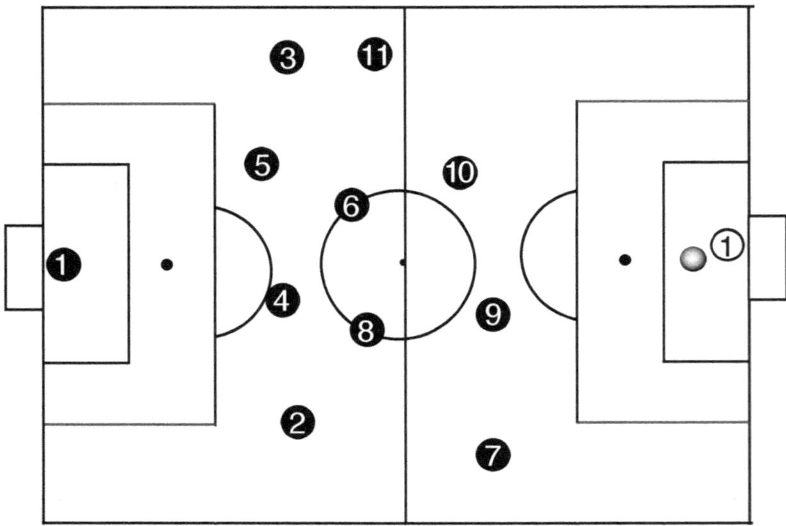

6. La barrera clásica como medio defensivo a considerar

La barrera clásica se forma con un solo núcleo de jugadores y cubre posibles trayectorias desde el rebase del primer palo hacia el centro de la portería. El portero se coloca en la zona de trayectoria no cubierta por la barrera, es decir, próximo al segundo palo. Lógicamente, las posiciones de portero y barrera variarán sincronizadamente, según la posición del balón.

Una barrera correctamente colocada, favorece al portero en lo siguiente:

a) Es difícil batir al portero en tiro próximo a su posición (a su palo).

b) La barrera dificulta altamente al adversario los lanzamientos al otro palo, que él cubre a mayor distancia.
c) El intento de salvar una barrera bien colocada, mediante tiro directo sin toque previo de compañero, exige una especialización técnica de alto nivel.

Ejercicio 2.

Saque libre directo en zona 2 derecha, a favor del equipo adversario.

En nuestra acción defensiva participan el portero y ocho jugadores de campo (2, 3, 4, 5, 6, 7,8 y 10). Coloca adecuadamente una barrera. Solo es necesario posicionar el portero, los jugadores que formarán la barrera y situar en defensa y marcaje a los restantes. El equipo adversario participa en la acción directa de la jugada con los cinco jugadores (5, 7, 9, 10 y 11).

▶ Representa la jugada.

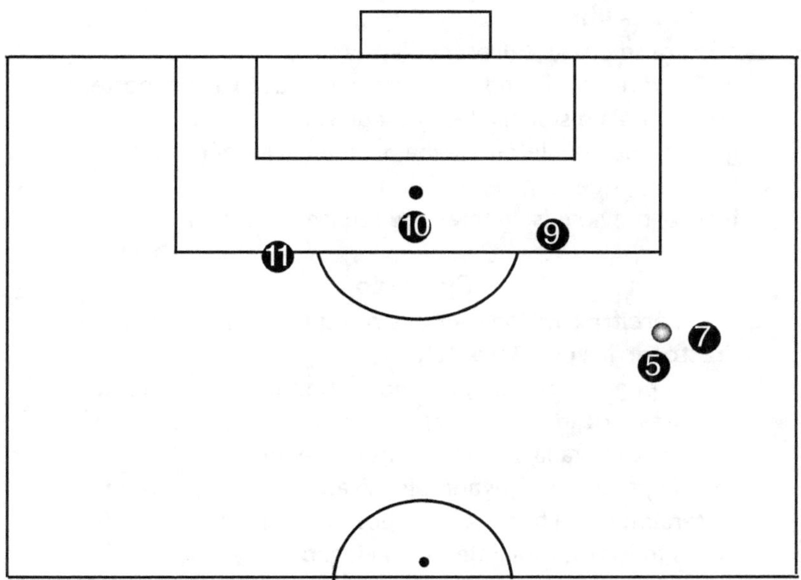

Propuesta para Ejercicio 2.

Saque de libre directo en zona 2 derecha, a favor del equipo adversario.

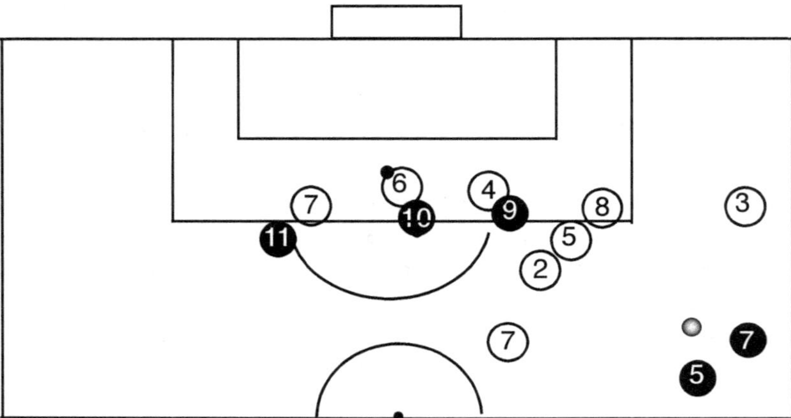

7 Acciones que se pueden aplicar para salvar la barrera en saques libres

La barrera se puede salvar mediante:

a) Tiro directo salvando la barrera, en cuyo caso el portero que estará a distancia, tendrá muchas dificultades para llegar a tiempo de detener el balón. (Ejecución técnica de alta dificultad, que exige especialización).

b) Tiro, previo pase lateral que rebase la barrera.

Ejercicio 3

El árbitro sanciona a nuestro equipo con un libre directo, en la zona 3 frontal.

En el gráfico siguiente, dibuja una barrera correctamente colocada, y sitúa al portero y a los jugadores que necesites para la acción defensiva, según tus criterios.

▶ Representa la jugada ofensiva, con pase que rebase lateralmente la barrera y tiro posterior, indicando con flechas todos los movimientos de jugadores y balón.

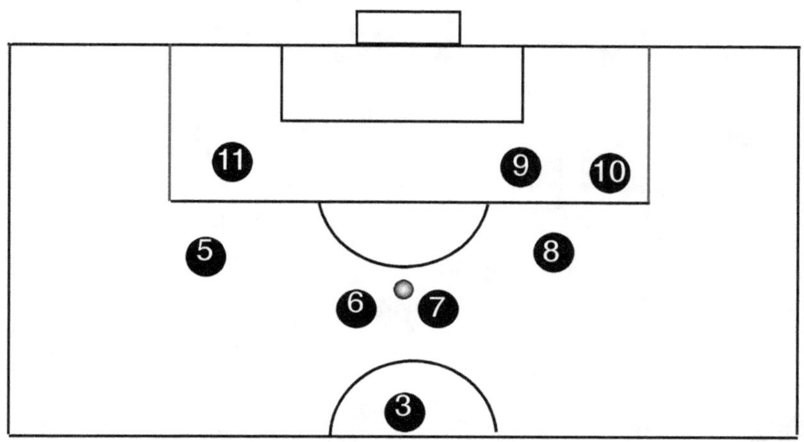

Propuesta para ejercicio 3.

El árbitro sanciona a nuestro equipo con un libre directo, en la zona 3 frontal.

6 y 7 cerca del balón para hacer el saque. 6 simula saque directo a gol, pero cede en corto (solo para rebasar la barrera) para que 7 haga tiro directo a zona alejada del portero.

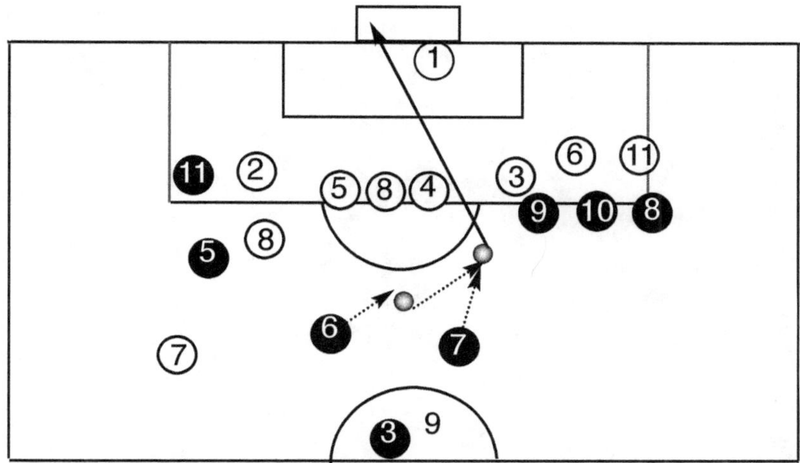

II. EJEMPLOS PRÁCTICOS DE JUGADAS A BALÓN PARADO

1. Saques libres

Ejercicio 4.

Saque libre a favor de nuestro equipo en la zona 1 derecha cercana al corner.

Los jugadores contrarios marcan a los nuestros en la posición que aparecen en el campo. Nuestro 7, simula saque, pero lo realiza 11, con trayectoria favorable a remate de nuestro central 5.

▶ En el gráfico siguiente, y aplicando la estrategia ofensiva que creas más favorable, representa la jugada completa, indicando con flechas todos los movimientos de jugadores y balón.

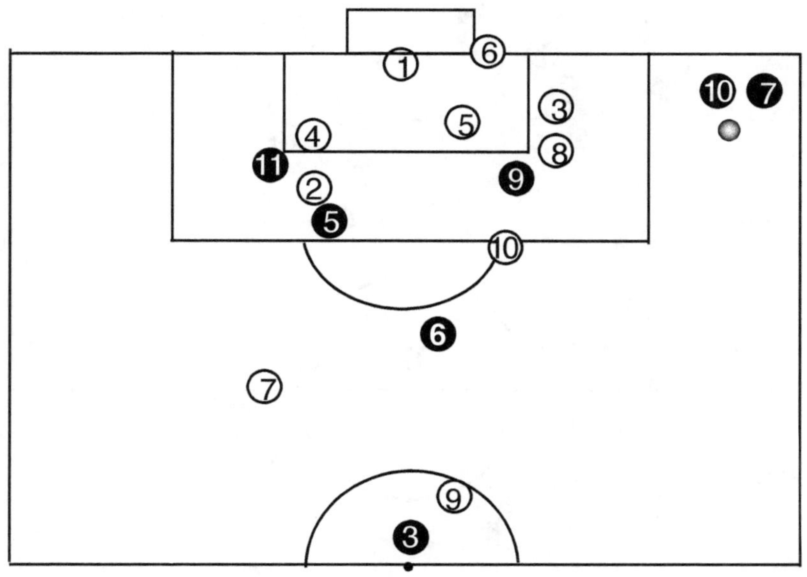

Propuesta para ejercicio 4

Saque libre a favor de nuestro equipo en la zona 1 derecha cercana al corner.

9 simula opción de pase y se acerca al saque. 7 se desmarca al lateral del área, pidiendo el pase. 11 realiza el saque al frontal del área pequeña, donde remata 5 que ha ganado la posición a su marcador.

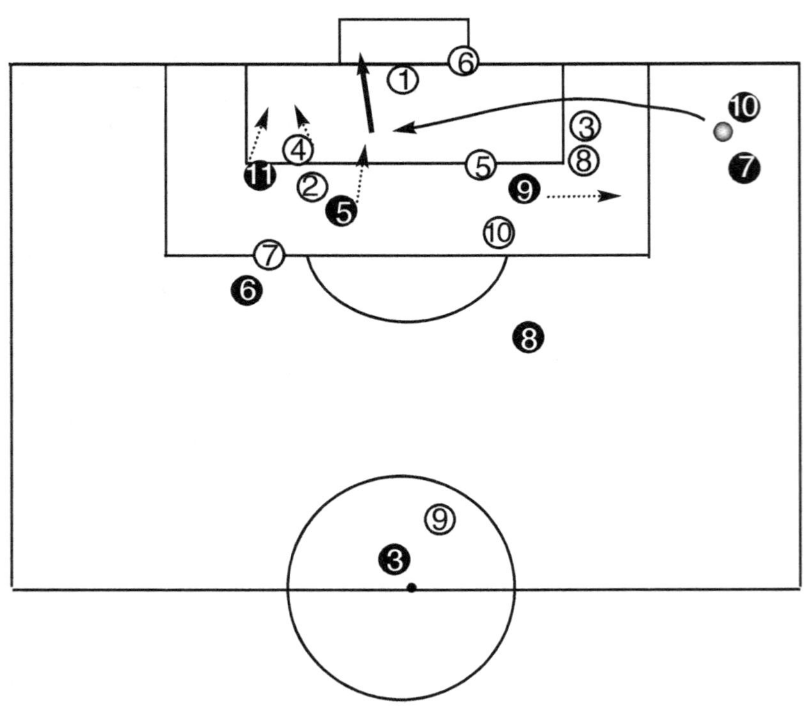

Ejercicio 5.

Saque libre a favor de nuestro equipo, en zona 4 izquierda.

Los jugadores contrarios marcan a los nuestros en la posición que aparecen en el campo.

▶ En el gráfico siguiente, y aplicando la estrategia ofensiva que creas más favorable, representa la jugada completa, indicando con flechas todos los movimientos de jugadores y balón.

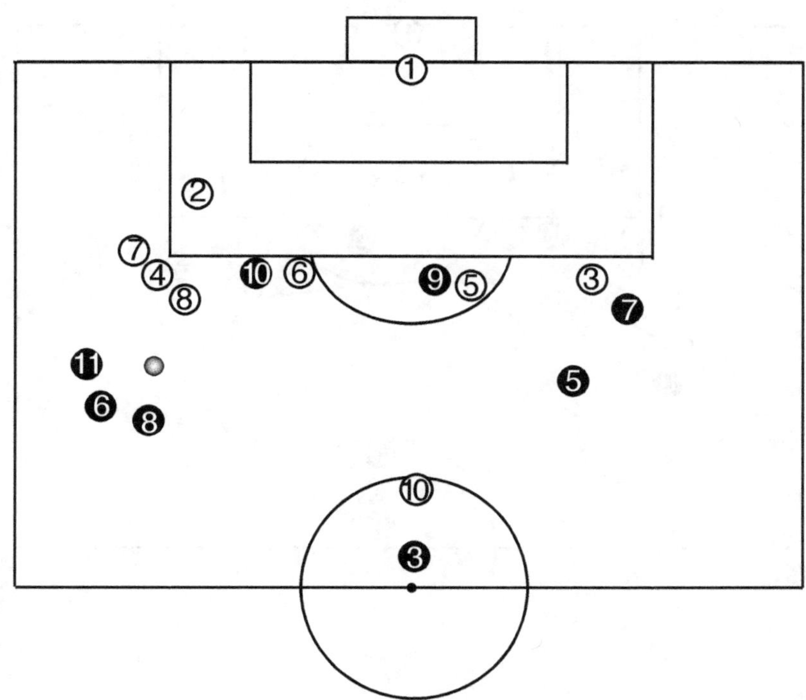

Propuesta para ejercicio 5

Saque libre a favor de nuestro equipo, en zona 4 izquierda.

11, 6 y 8 situados para el saque, 11 se desmarca en profundidad y 8 corre hacia el balón simulando saque a 11, pero no toca el balón y sigue hacia el primer adversario de la barrera. 10, 9 y 7 hacen movimientos de arrastre de sus marcadores, para favorecer el saque largo de 6 a la posición de 5, que viene desde atrás y hace tiro 0 directo.

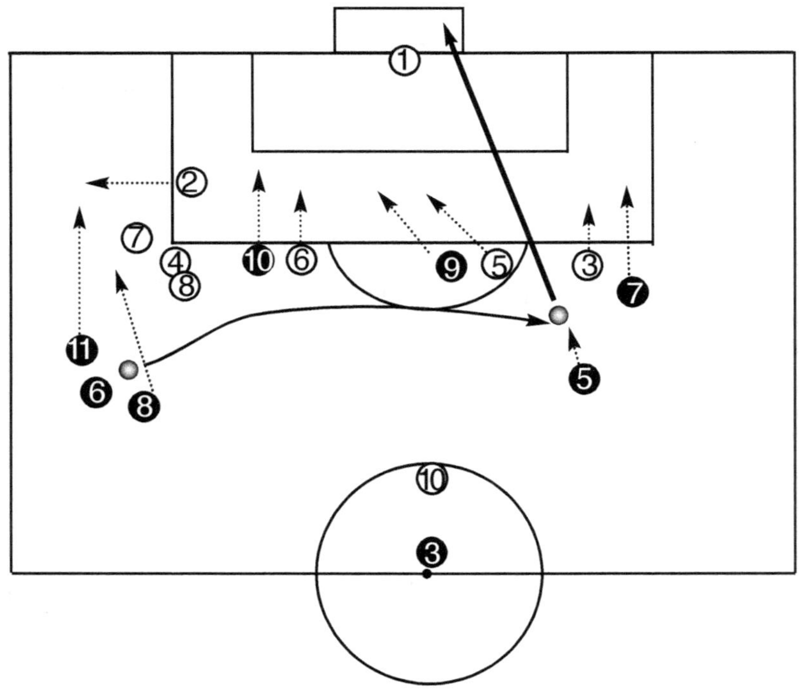

Ejercicio 6.

Saque libre a favor de nuestro equipo, en zona 4 derecha.

Los jugadores contrarios marcan a los nuestros en la posición que aparecen en el campo.

▶ En el gráfico siguiente, y aplicando la estrategia ofensiva que creas más favorable, representa la jugada completa, indicando con flechas todos los movimientos de jugadores y balón.

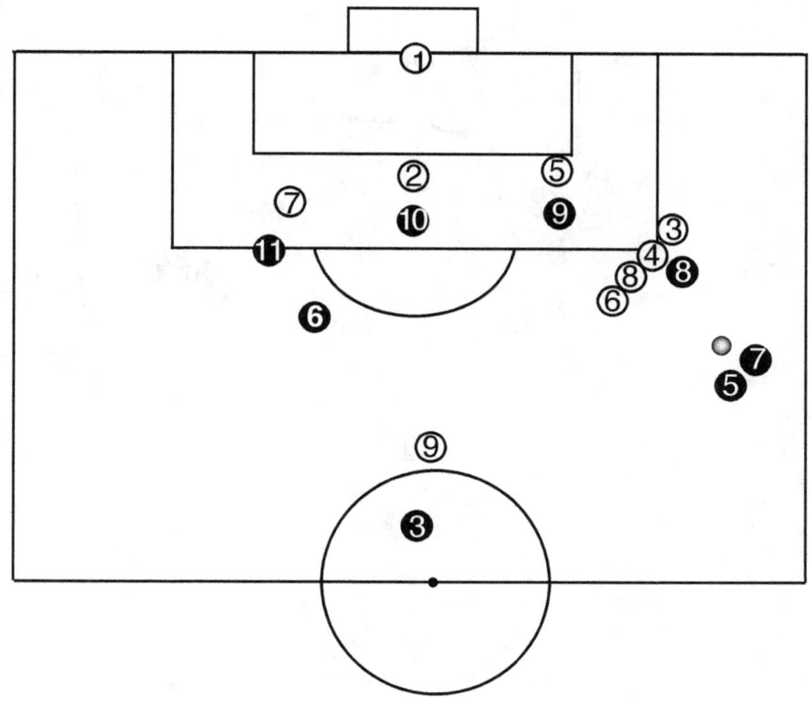

Propuesta para ejercicio 6.

Saque libre a favor de nuestro equipo, en zona 4 derecha.

5 y 7 situados para el saque. 7 corre hacia el lado izquierdo de la barrera simulando petición de pase. 5 hace el saque en profundidad a favor de 8, que centra con rapidez al frontal del área pequeña, donde 6, que viene desde atrás, remata a puerta. 11, 10 y 9, hacen movimientos que favorecen la creación de espacio libre.

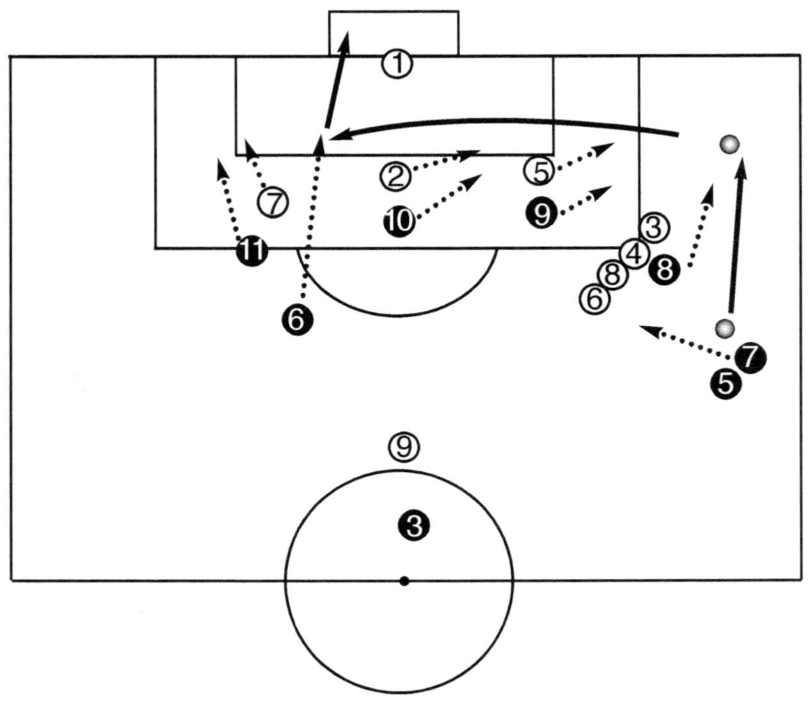

Ejercicio 7

Saque libre a favor de nuestro equipo, en zona 4 izquierda.

Los jugadores contrarios marcan a los nuestros en la posición que aparecen en el campo.

▶ En el gráfico siguiente, y aplicando la estrategia ofensiva que creas más favorable, representa la jugada completa, indicando con flechas todos los movimientos de jugadores y balón.

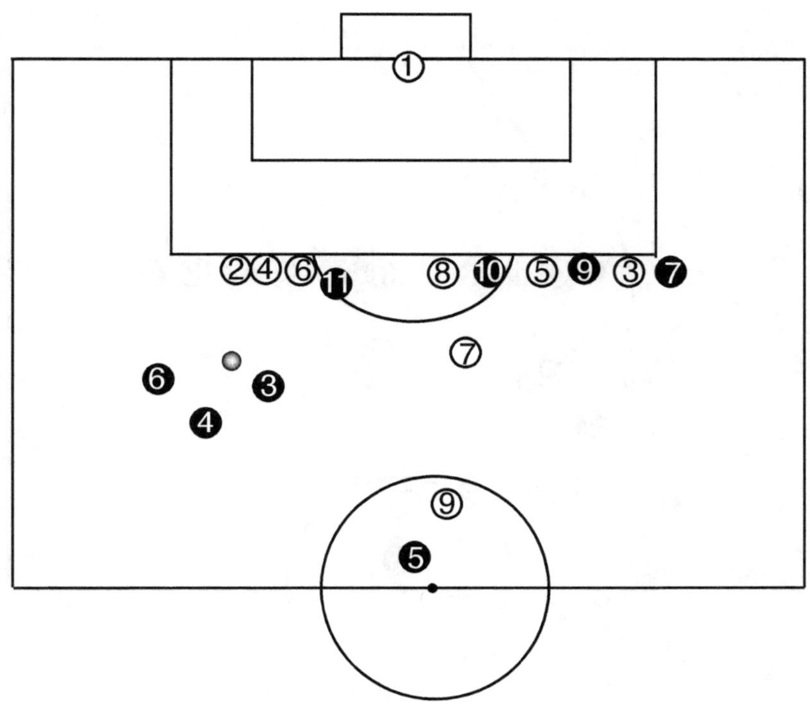

Propuesta para ejercicio 7

Saque libre a favor de nuestro equipo, en zona 4 izquierda.

6, 4 y 3 situados para el saque. 4 corre hacia el lado izquierdo de la barrera, pidiendo el pase. 3 saca en corto sobre 6 que pasa con rapidez al desmarque que hace 11 por detrás de la barrera, para que haga tiro a puerta. 11, 10 y 9, hacen movimientos que favorecen la creación de espacio libre y la evitación de fuera de juego en nuestra estrategia.

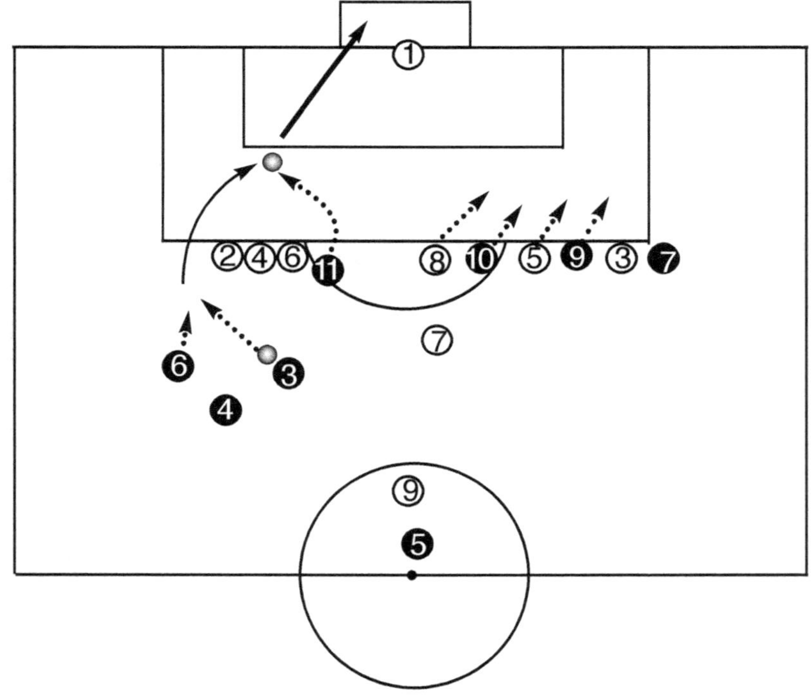

SAQUES LIBRES

Ejercicio 8.

Saque libre a favor de nuestro equipo, en zona 4 derecha.

Los jugadores contrarios marcan a los nuestros en la posición que aparecen en el campo.

▶ En el gráfico siguiente, y aplicando la estrategia ofensiva que creas más favorable, representa la jugada completa, indicando con flechas todos los movimientos de jugadores y balón.

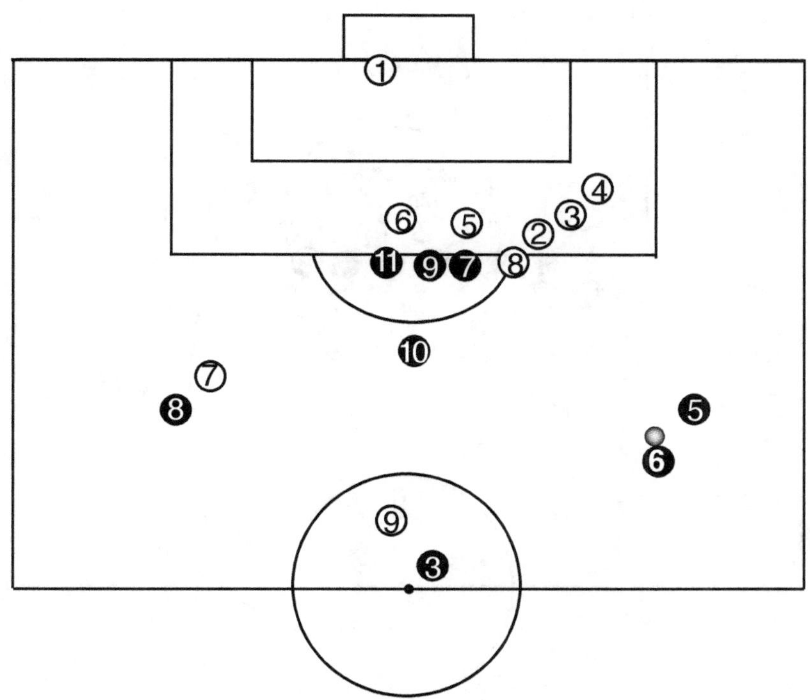

Propuesta para ejercicio 8

Saque libre a favor de nuestro equipo,en zona 4 derecha.

5 y 6 en situación de saque. 9 se acerca hacia el saque simulando petición de pase. 5 se dirige a tapar al último jugador de la derecha de la barrera. 6 hace el saque en profundidad, rebasando la barrera, donde llega 7 que se desmarcó por detrás de la barrera y que centra con rapidez para que remate 11 que llega desde atrás. 8 y 10 hacen movimientos favorecedores de espacio libre en la zona de remate.

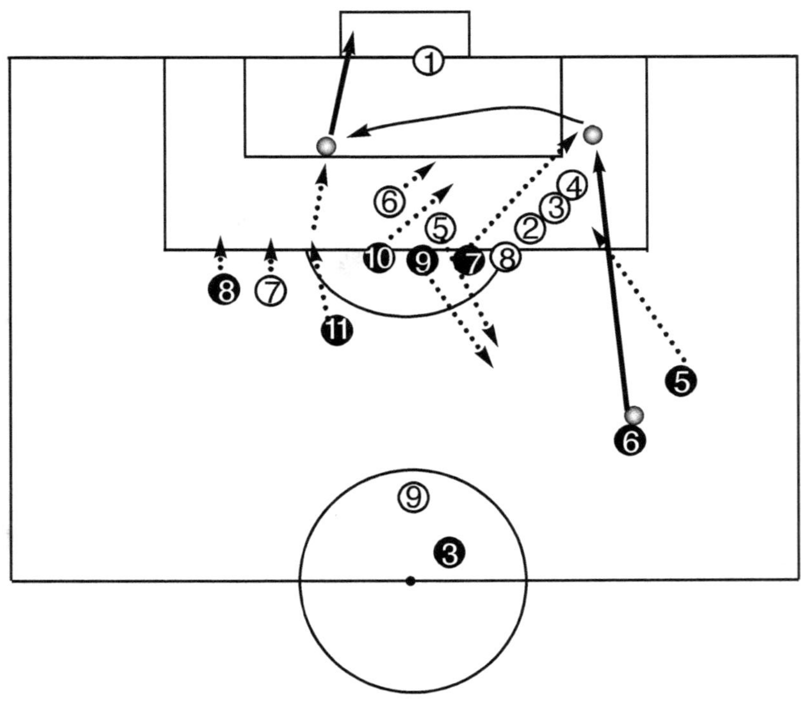

Ejercicio 9.

Saque libre a favor de nuestro equipo, en zona 4 izquierda.

Los jugadores contrarios marcan a los nuestros en la posición que aparecen en el campo.

▶ En el gráfico siguiente, y aplicando la estrategia ofensiva que creas más favorable, representa la jugada completa, indicando con flechas todos los movimientos de jugadores y balón.

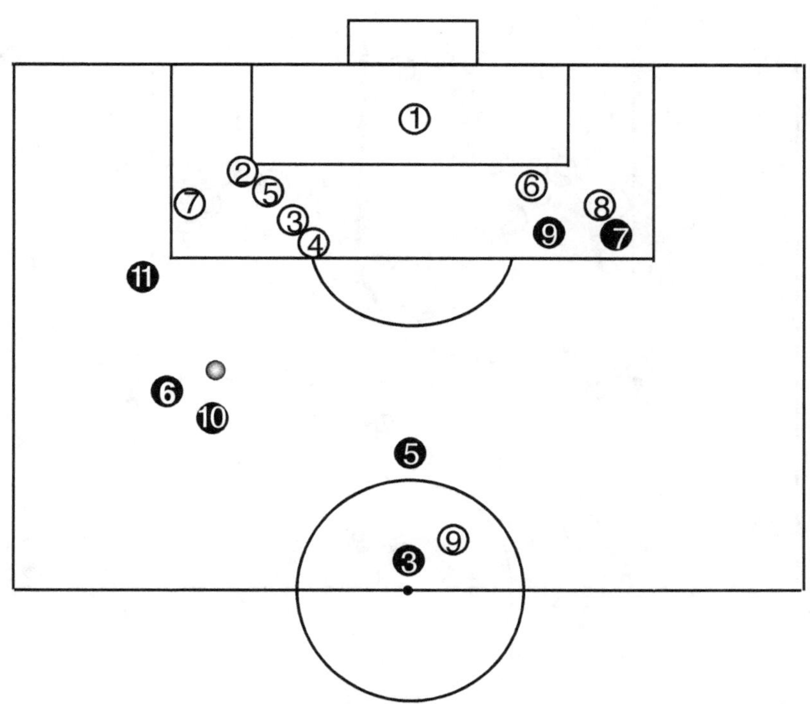

Propuesta para ejercicio 9.

Saque libre a favor de nuestro equipo, en zona 4 izquierda.

6 y 10 situados para el saque. 10 simula petición de pase, pero sigue a tapar al último jugador de la barrera. 6 saca rápido sobre la posición adelantada de 5, que conduce brevemente y tira a puerta. 11, 9 y 7, realizan movimientos favorecedores de la creación de espacio libre.

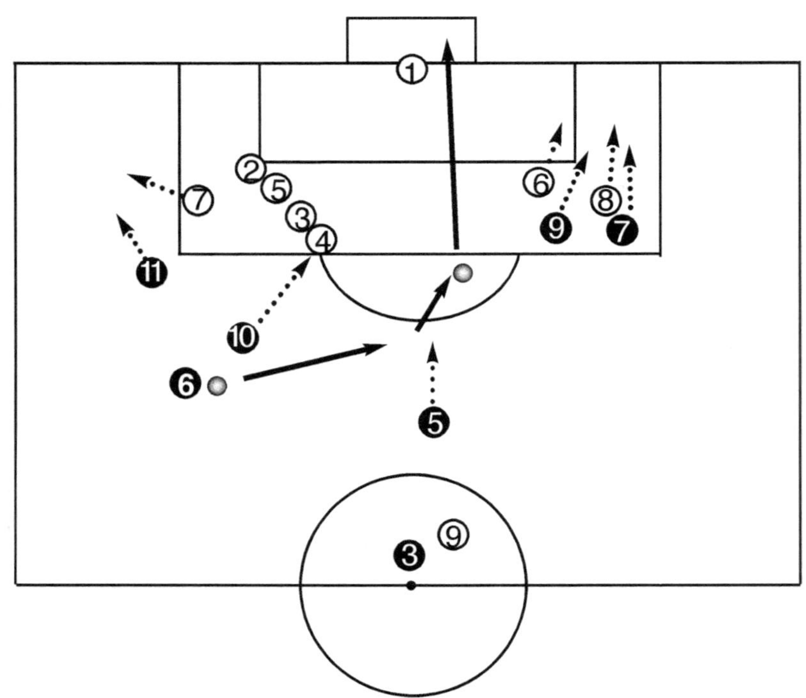

Ejercicio 10.

Saque libre a favor de nuestro equipo, en zona 5 frontal alejado.

Los jugadores contrarios marcan a los nuestros en la posición que aparecen en el campo.

▶ En el gráfico siguiente, y aplicando la estrategia ofensiva que creas más favorable, representa la jugada completa, indicando con flechas todos los movimientos de jugadores y balón.

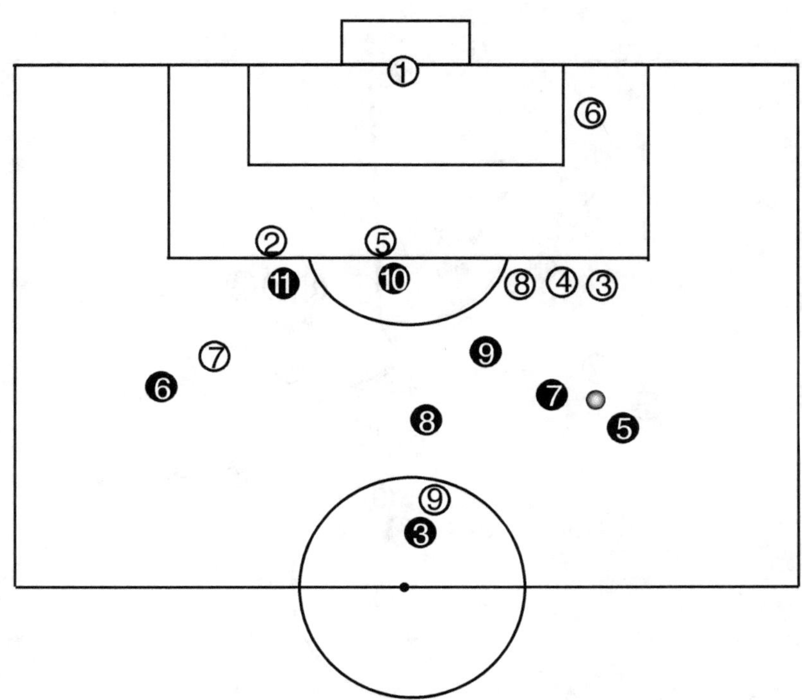

Propuesta para ejercicio 10.

Saque libre a favor de nuestro equipo, en zona 5 frontal alejado.

7 y 5 situados para el saque. 9 corre a tapar al primer jugador de la barrera. 7 corre hacia la derecha de la barrera simulando opción de pase. 5 hace el saque a la posición adelantada de 8, que hace control orientado y tira a puerta. 11 y 10 hacen movimientos favorecedores de nuestra acción estratégica, arrastran a sus marcadores y quedan situados para posible rechazo del portero. 6 fija a su marcador

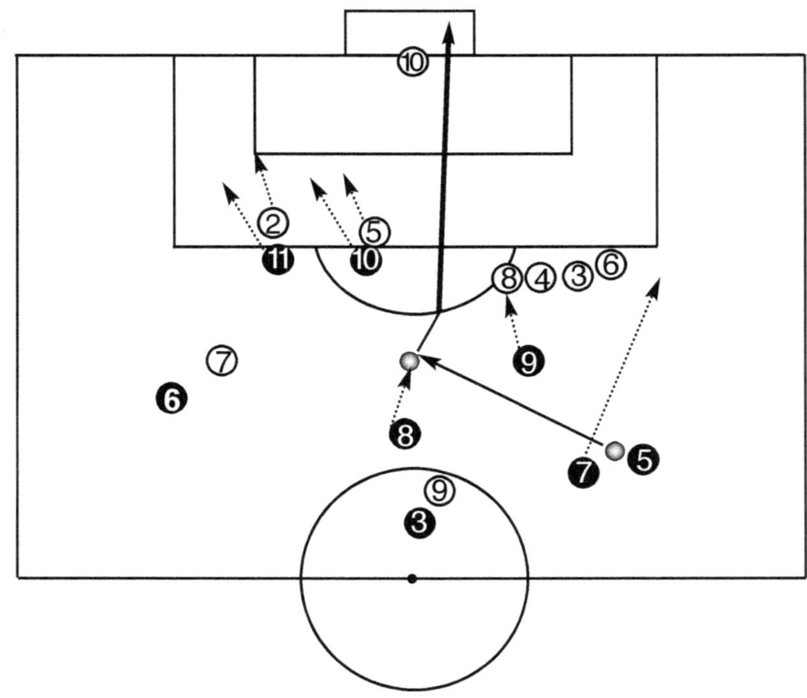

Ejercicio 11.

Saque libre a favor de nuestro equipo, en zona 5 frontal alejado.

Los jugadores contrarios marcan a los nuestros en la posición que aparecen en el campo.

▶ En el gráfico siguiente, y aplicando la estrategia ofensiva que creas más favorable, representa la jugada completa, indicando con flechas todos los movimientos de jugadores y balón.

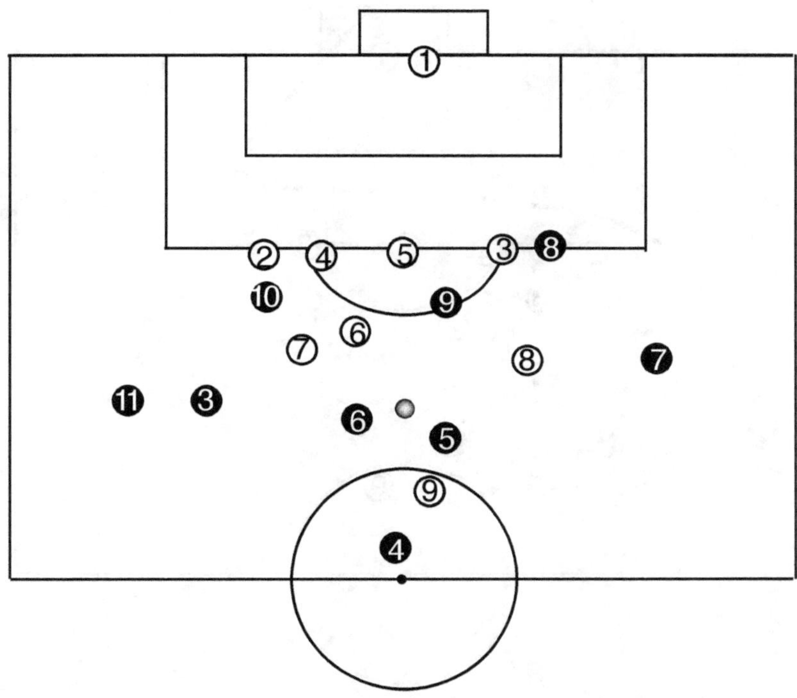

Propuesta para ejercicio 11.

Saque libre a favor de nuestro equipo, en zona 5 frontal alejado.

6 y 5 preparados para el saque. 9 corre hacia el saque pero gira hacia el frontal del área. 6 corre al frente simulando opción de pase. 5 hace el saque con rapidez a la posición adelantada de 11, que previo control orientado, centra a la posición que ha ganado 7 por la derecha, que remata a gol. 10 y 8 hacen movimientos de arrastre de sus marcadores para facilitar el remate de 7.

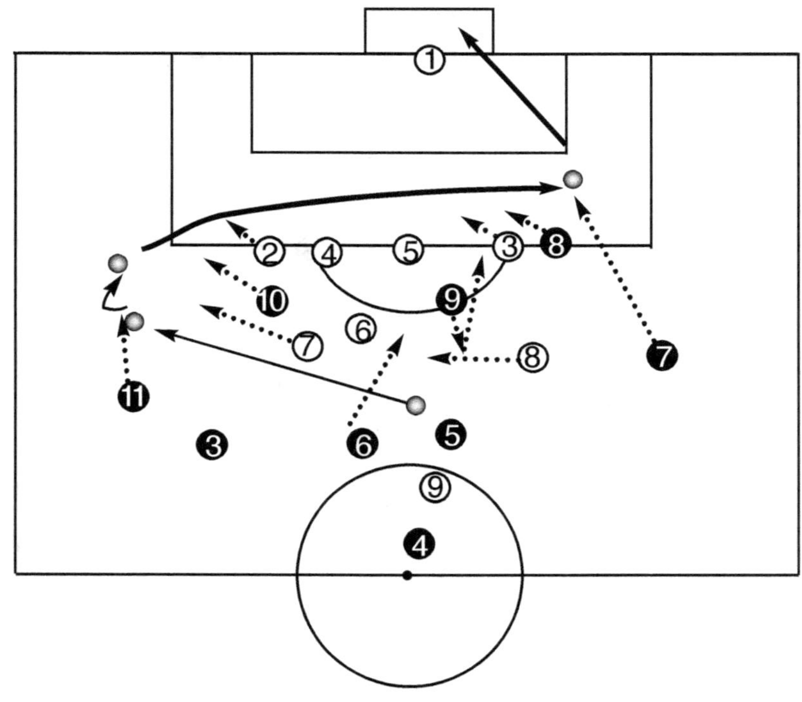

Ejercicio 12.

Saque libre a favor de nuestro equipo, en zona 5 centro de frontal alejado.

Los jugadores contrarios marcan a los nuestros en la posición que aparecen en el campo.

▶ En el gráfico siguiente, y aplicando la estrategia ofensiva que creas más favorable, representa la jugada completa, indicando con flechas todos los movimientos de jugadores y balón.

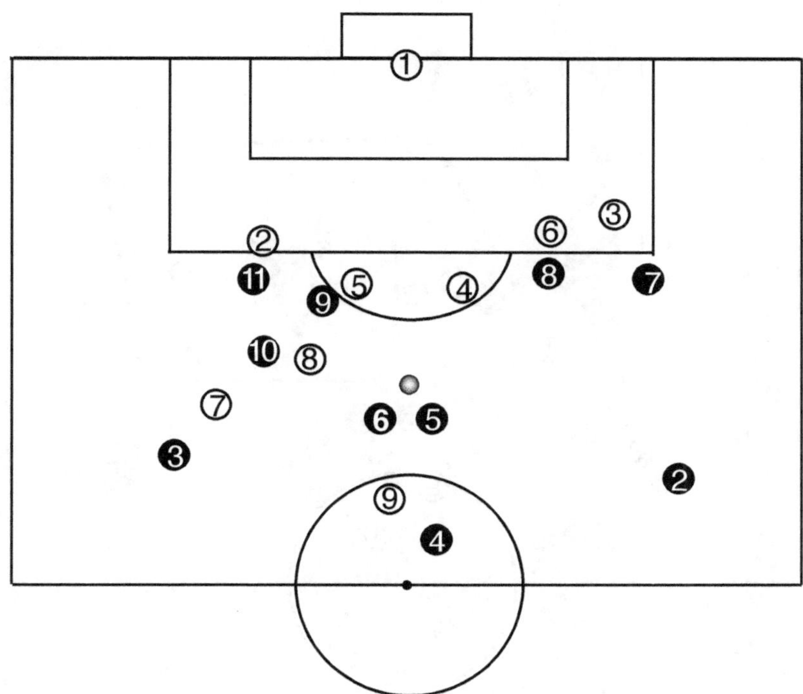

Propuesta para ejercicio 12

Saque libre a favor de nuestro equipo, en zona 5 centro de frontal alejado.

5 y 6 situados para el saque. 5 corre hacia el frente pidiendo el pase. 6 hace con rapidez el saque hacia la posición adelantada de 2, que pasa al primer toque en profundidad a la posición ventajosa de 7, que hace centro al frontal del área pequeña, donde remata 10 que llega desde atrás. 11, 9 y 8 favorecen la creación de espacio y la fijación de sus marcadores.

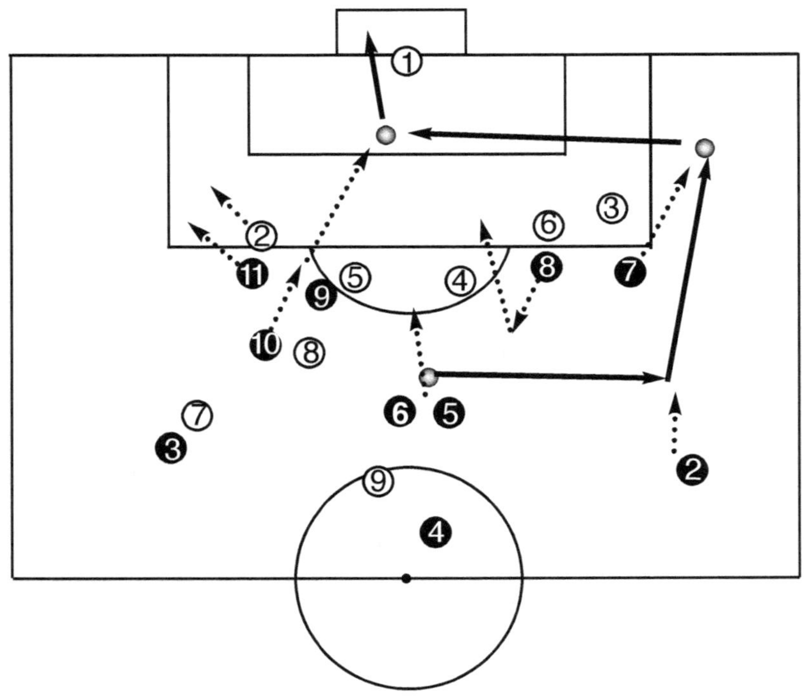

Ejercicio 13

Saque libre a favor de nuestro equipo, en zona 7 frontal derecho en interior del área de penalty.

Los jugadores contrarios marcan a los nuestros en la posición que aparecen en el campo.

▶ En el gráfico siguiente, y aplicando la estrategia ofensiva que creas más favorable, representa la jugada completa, indicando con flechas todos los movimientos de jugadores y balón

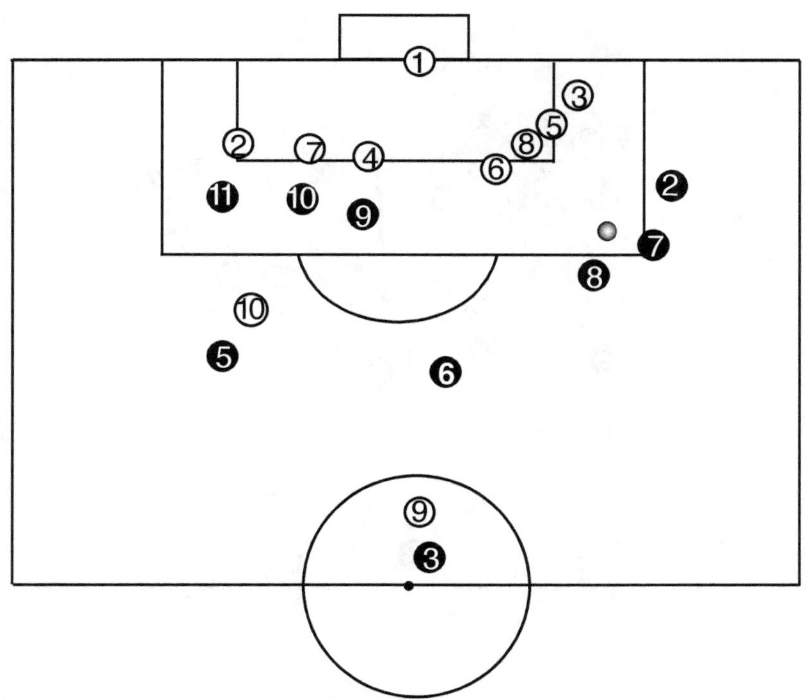

Propuesta para ejercicio 13.

Saque libre a favor de nuestro equipo, en zona 7 frontal derecho en interior del área de penalty.

8 y 7 situados para hacer el saque. 8 simula saque en corto sobre 7, pero se dirige a tapar al primer jugador del lado izquierdo de la barrera. 7 saca con rapidez sobre la zona ganada por 6 que tira a puerta. 11, 10 y 9, hacen movimientos de colaboración y quedan en zonas de rechazo.

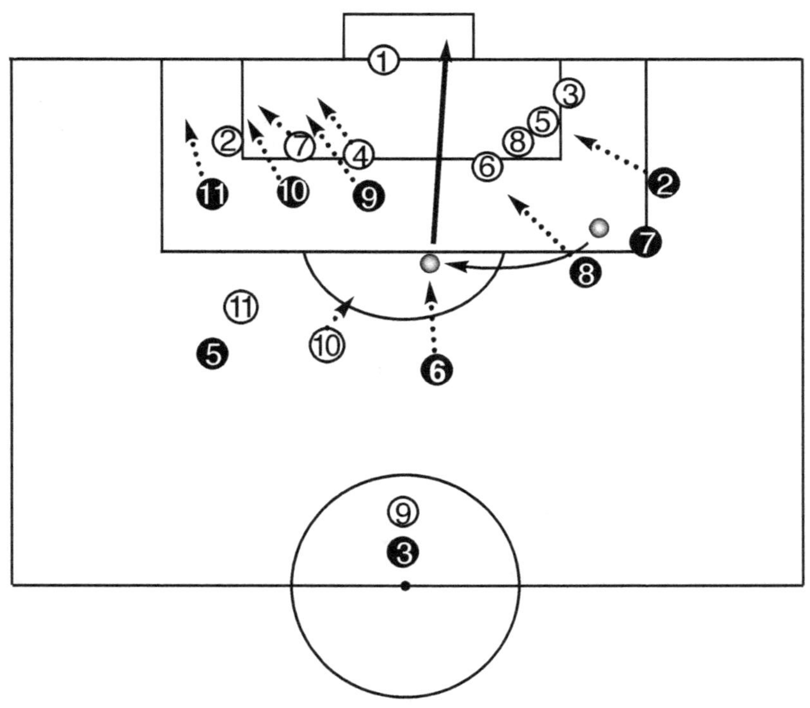

Ejercicio 14.

Saque libre directo a favor de nuestro equipo, en zona 3 frontal. Ejecutamos el saque mediante golpeo directo a puerta.

Los jugadores contrarios marcan a los nuestros en la posición que aparecen en el campo.

▶ En el gráfico siguiente, y aplicando la estrategia ofensiva que creas más favorable, representa la jugada completa, indicando con flechas todos los movimientos de jugadores y balón.

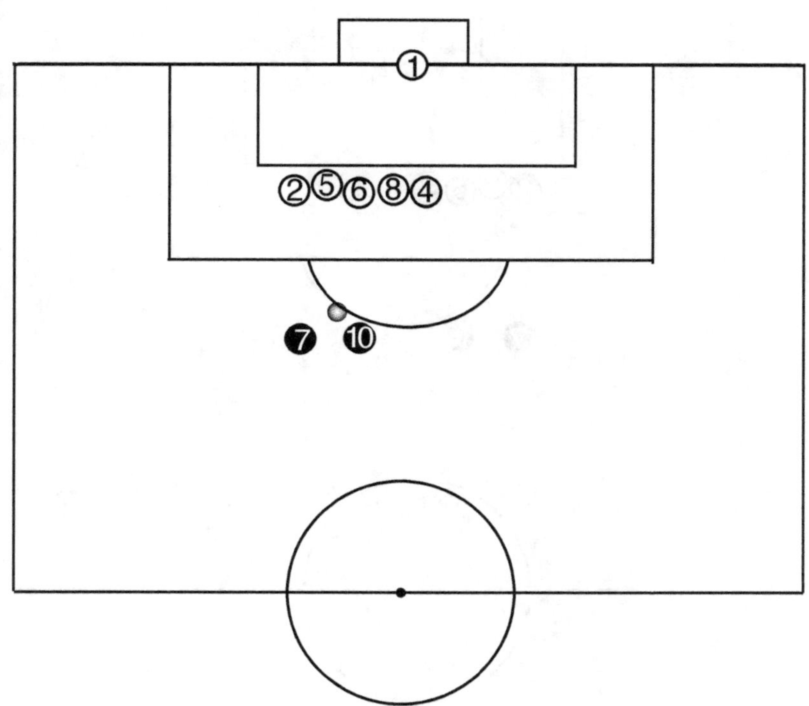

Propuesta para ejercicio 14.

Saque libre directo a favor de nuestro equipo, en zona 3 frontal. Ejecutamos el saque mediante golpeo directo a puerta.

10 simula saque con pierna izquierda, directamente a puerta y por encima de la barrera, pero corre hacia la izquierda simulando opción de pase, para que 7, haga el saque con pierna derecha, por encima de la barrera y al palo contrario al del portero

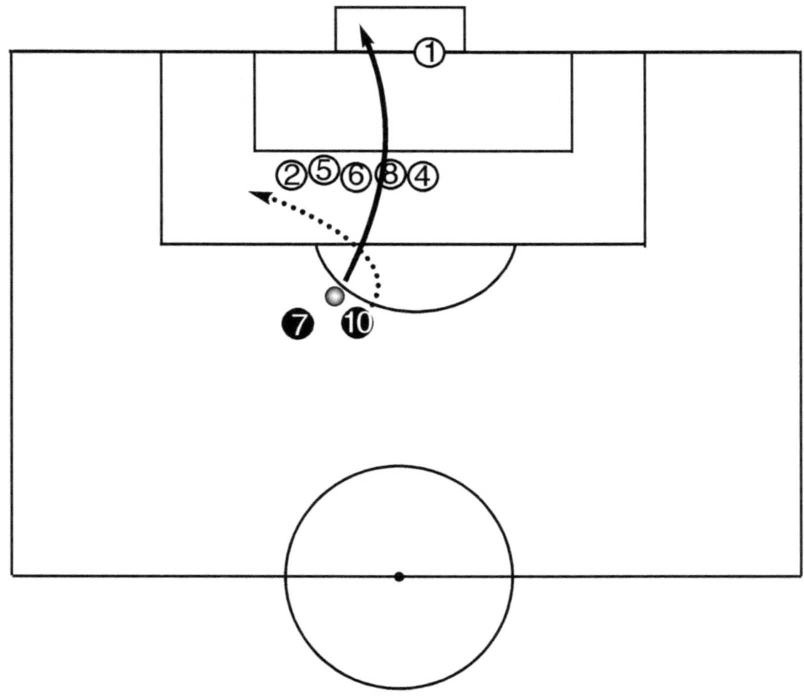

Ejercicio 15

Saque libre directo a favor de nuestro equipo, en zona frontal. Ejecutamos el saque mediante golpeo directo a puerta.

Los jugadores contrarios marcan a los nuestros en la posición que aparecen en el campo.

▶ En el gráfico siguiente, y aplicando la estrategia ofensiva que creas más favorable, representa la jugada completa, indicando con flechas todos los movimientos de jugadores y balón.

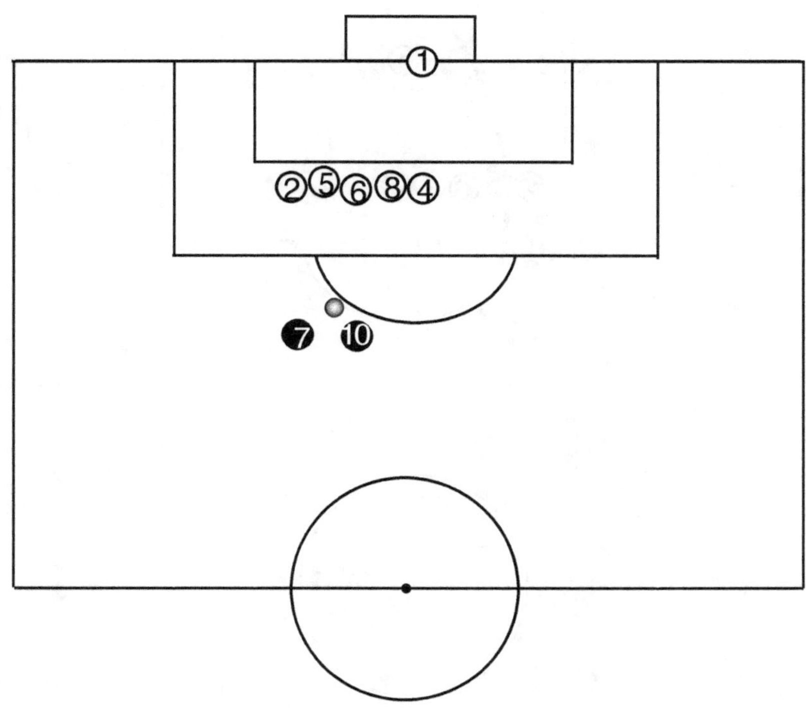

Propuesta para ejercicio 15

Saque libre directo a favor de nuestro equipo, en zona frontal izquierda del área de penalty. Ejecutamos el saque mediante golpeo directo a puerta.

7 simula saque con pierna derecha y por encima de la barrera, pero corre hacia la derecha de la barrera simulando opción de pase en corto, para que 10 haga el saque con pierna izquierda, por encima de la barrera y al lado contrario del portero.

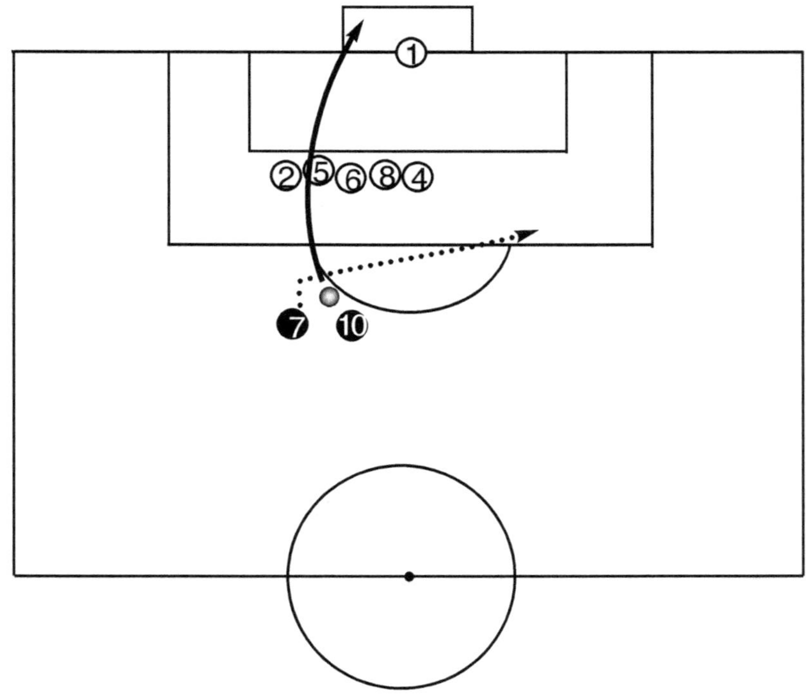

Ejercicio 16

Saque libre indirecto a favor de nuestro equipo, en zona 7 frontal izquierdo en interior del área de penalty.

Los jugadores contrarios marcan a los nuestros en la posición que aparecen en el campo.

▶ En el gráfico siguiente, y aplicando la estrategia ofensiva que creas más favorable, representa la jugada completa, indicando con flechas todos los movimientos de jugadores y balón

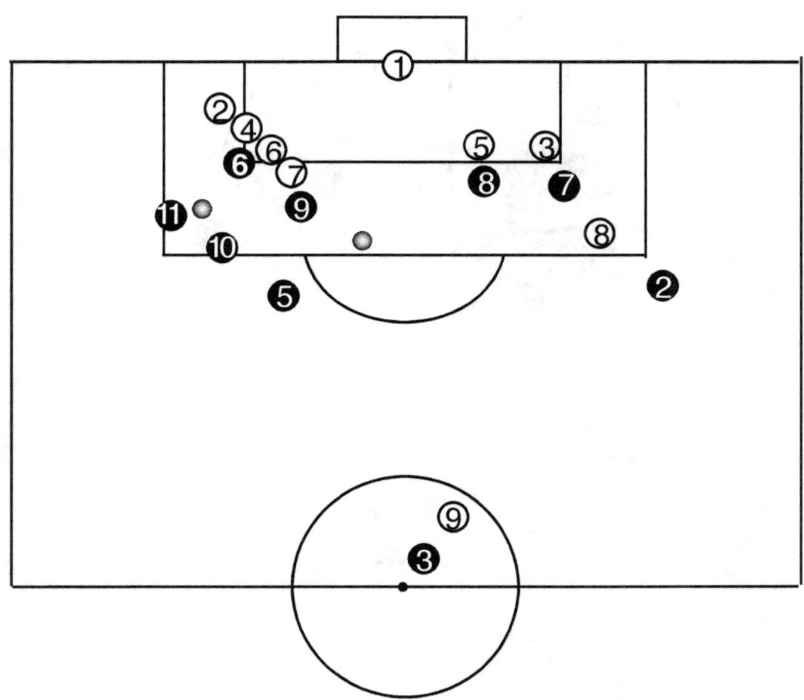

Propuesta para ejercicio 16.

Saque libre indirecto a favor de nuestro equipo, en zona 7 frontal izquierdo en interior del área de penalty.

10 y 11 situados para hacer el saque. 10 simula centro en largo, pero se sitúa en profundidad ofreciendo opción de pase. 6 y 9 tapan a los componentes de la barrera.

11 saca con rapidez a la posición adelantada de 5 que tira a puerta. 8 y 7 hacen movimientos de colaboración. 2 fija a su marcador.

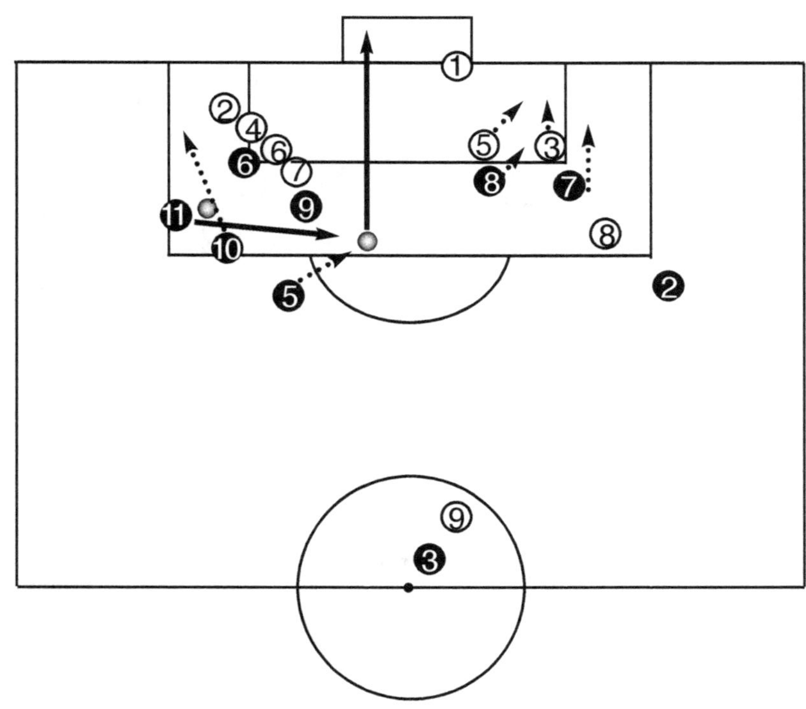

2. SAQUES DE BANDA

Ejercicio 17.

Saque de banda a favor de nuestro equipo, en zona 1 izquierda.

Los jugadores contrarios marcan a los nuestros en la posición que aparecen en el campo.

▶ En el gráfico siguiente, y aplicando la estrategia ofensiva que creas más favorable, representa la jugada completa, indicando con flechas todos los movimientos de jugadores y balón.

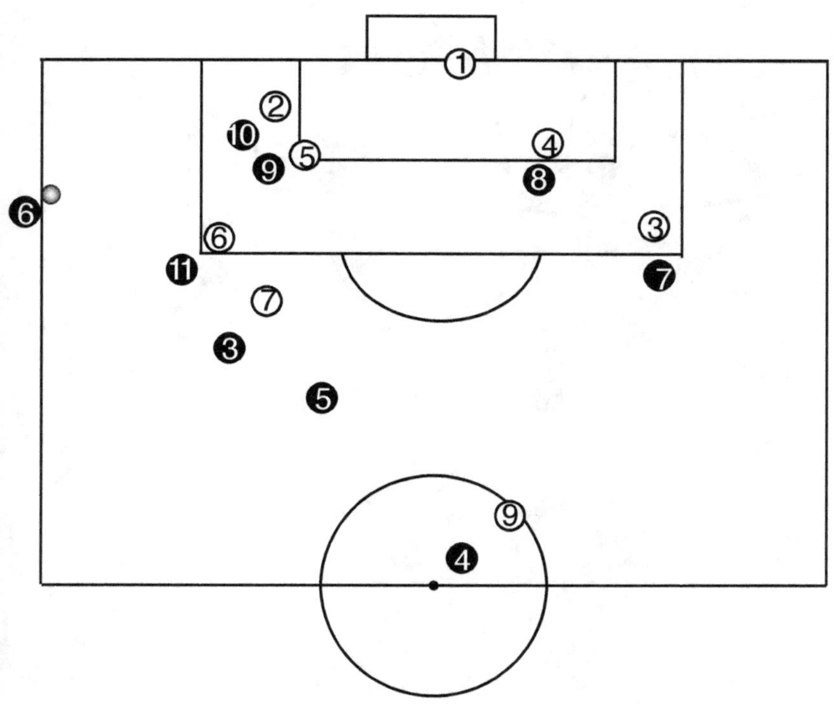

Propuesta para ejercicio 17.

Saque de banda a favor de nuestro equipo, en zona 1 izquierda.

6 en situación de saque. 10 se acerca a banda arrastrando a su marcador. 11 se desmarca en profundidad, arrastrando a su marcador. 6 hace el saque sobre 9 que se ha acercado a la jugada para ceder a 5 que llega desde atrás y remata a puerta.

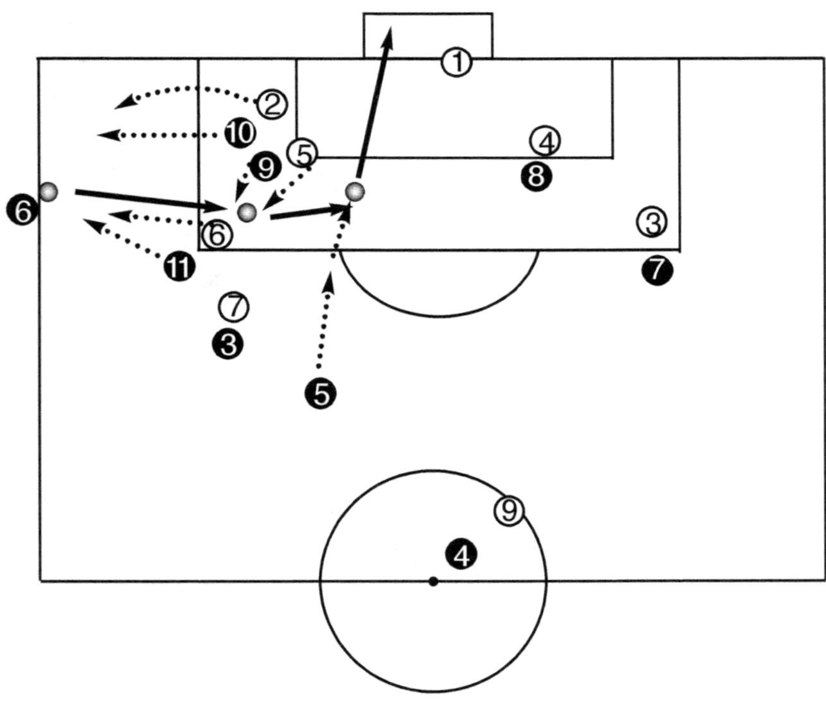

Ejercicio 18.

Saque de banda a favor de nuestro equipo, en zona 2 derecha.

Los jugadores contrarios marcan a los nuestros en la posición que aparecen en el campo.

▶ En el gráfico siguiente, y aplicando la estrategia ofensiva que creas más favorable, representa la jugada completa, indicando con flechas todos los movimientos de jugadores y balón.

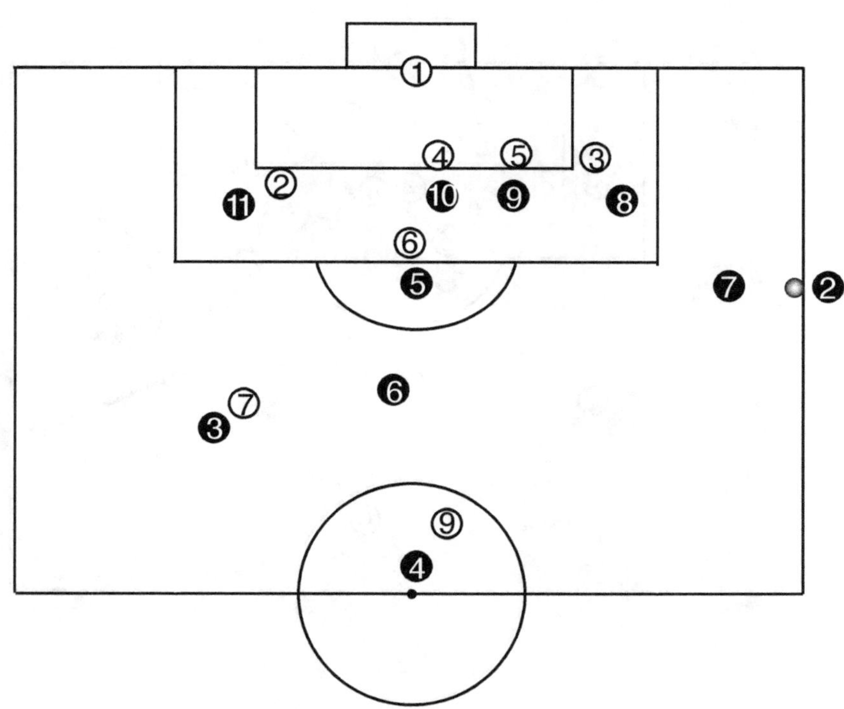

Propuesta para ejercicio 18.

Saque de banda a favor de nuestro equipo, en zona 2 derecha.

2 situado para hacer el saque de banda. 7 se acerca hacia el saque pero se revuelve y se desmarca al fondo de la posición derecha. 8 acude al saque que le hace 6 y pasa a su compañero 7. Este hace centro al frontal del área pequeña para que remate a puerta 6 que se incorpora desde atrás. 11, 10 y 9 hacen movimientos de colaboración. 5 y 3 fijan a sus marcadores.

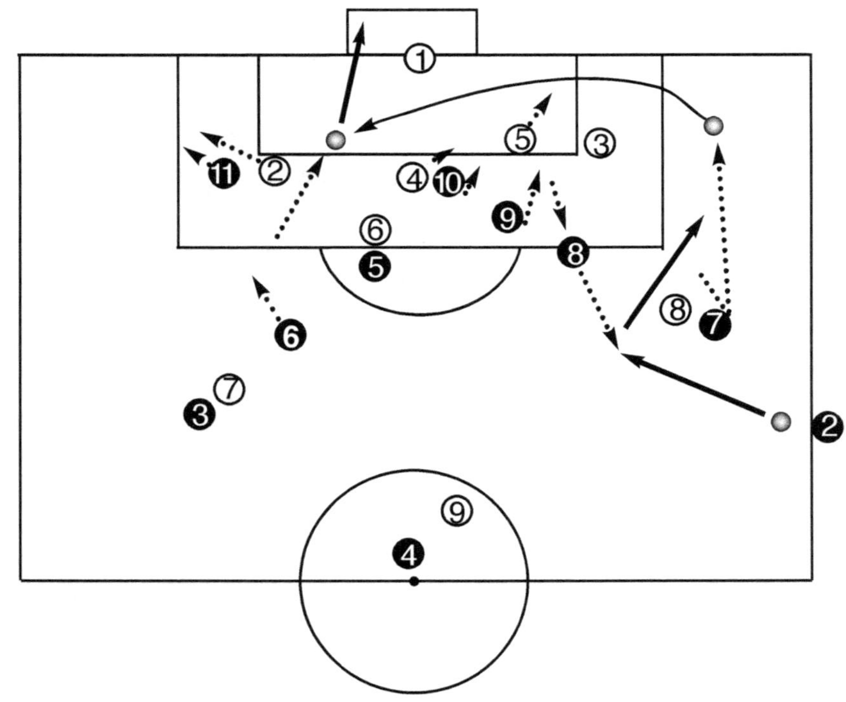

Ejercicio 19.

Saque de banda a favor de nuestro equipo, en zona 2 derecha.

Los jugadores contrarios marcan a los nuestros en la posición que aparecen en el campo.

▶ En el gráfico siguiente, y aplicando la estrategia ofensiva que creas más favorable, representa la jugada completa, indicando con flechas todos los movimientos de jugadores y balón.

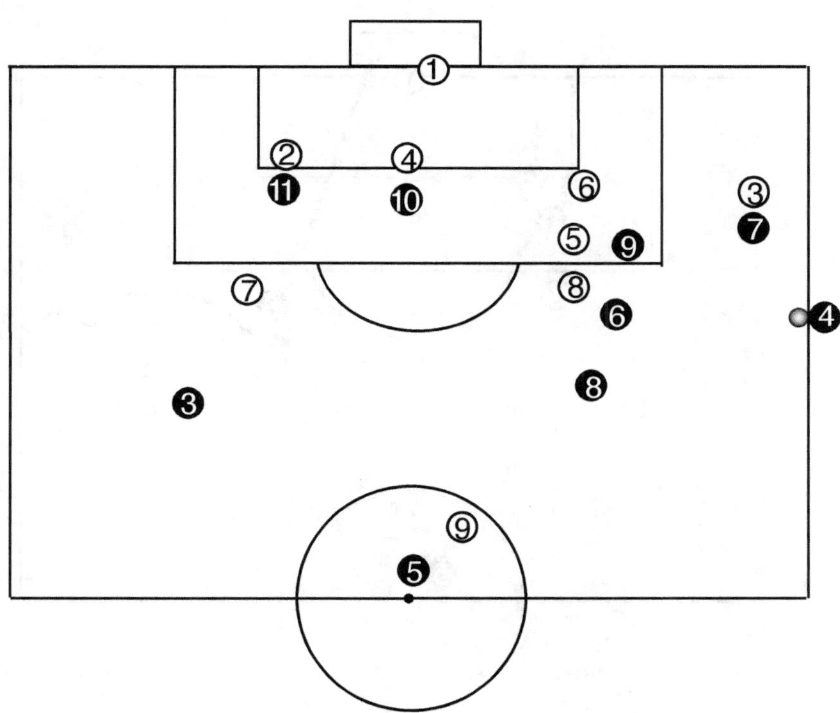

Propuesta para ejercicio 19.

Saque de banda a favor de nuestro equipo,en zona 2 derecha.

4 situado para hacer el saque de banda. 7 se acerca al saque y 9 se posiciona en diagonal. 6 se acerca frontalmente al saque. Todos arrastran a sus marcadores produciendo un espacio libre que aprovecha 4 para hacer el saque sobre 8 que hace control orientado hacia el frontal del área y tira a puerta. El resto colaboran desde sus posiciones.

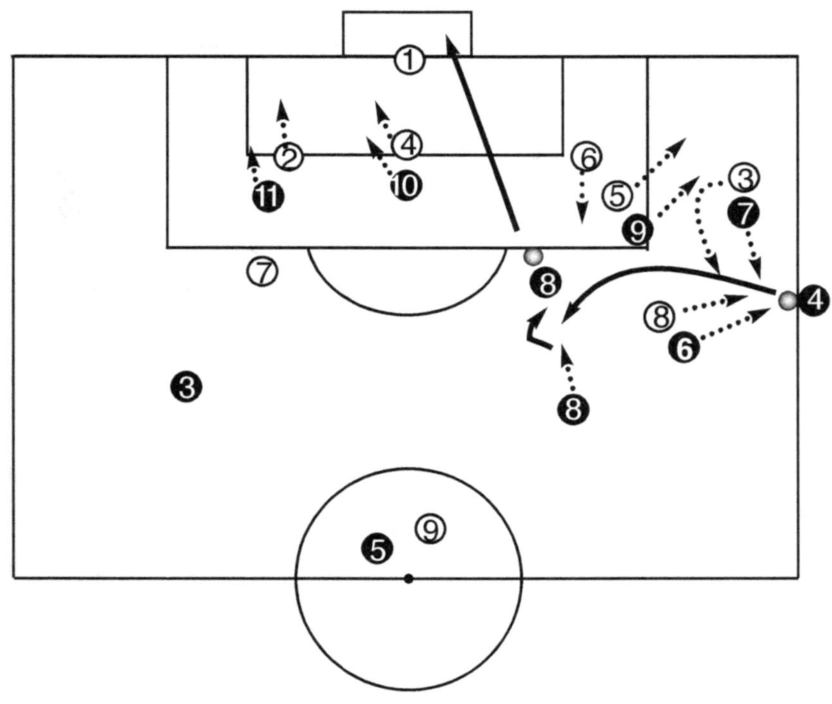

3. SAQUES DE ESQUINA

Ejercicio 20.

Saque de esquina a favor de nuestro equipo, en zona 1 izquierda. Se saca sobre el primer poste.

Los jugadores contrarios marcan a los nuestros en la posición que aparecen en el campo.

▶ En el gráfico siguiente, y aplicando la estrategia ofensiva que creas más favorable, representa la jugada completa, indicando con flechas todos los movimientos de jugadores y balón.

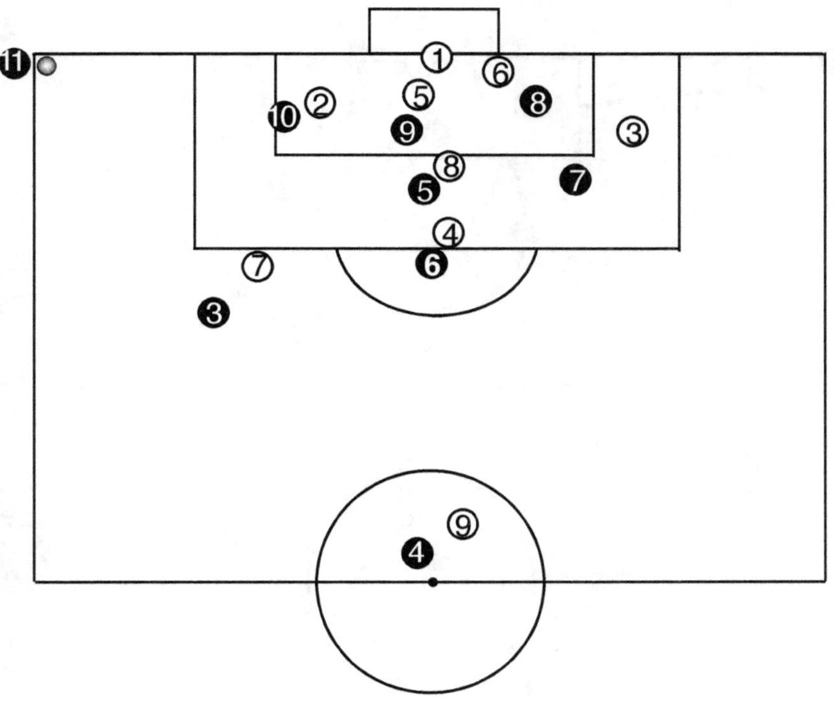

Propuesta para ejercicio 20.

Saque de esquina a favor de nuestro equipo, en zona 1 izquierda. Se saca sobre el primer poste.

11 situado para hacer saque de esquina.10 se mueve y pide saque abierto. 9 se posiciona en el centro del área de meta y 8 sobre el segundo poste. Ambos se mueven para arrastrar a sus marcadores y provocar espacio. 5 fija a su marcador en el punto de penalty. Estos movimientos tratan de propiciar que el corner que saca 11 sobre el frontal del área pequeña, lo remate 6 que viene desde atrás.

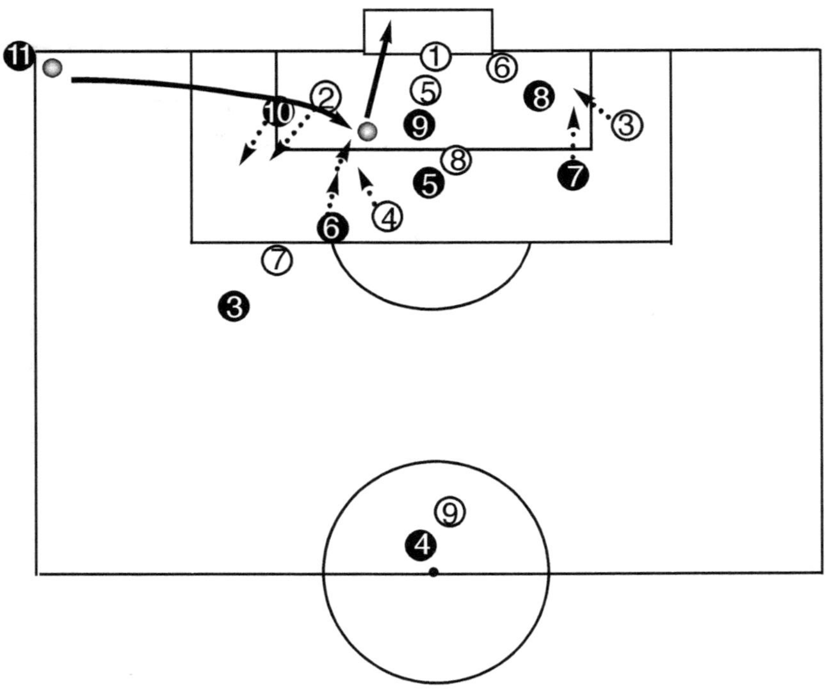

Ejercicio 21.

Saque de esquina a favor de nuestro equipo, en zona 1 derecha. Se saca sobre el primer poste.

Los jugadores contrarios marcan a los nuestros en la posición que aparecen en el campo.

▶ En el gráfico siguiente, y aplicando la estrategia ofensiva que creas más favorable, representa la jugada completa, indicando con flechas todos los movimientos de jugadores y balón.

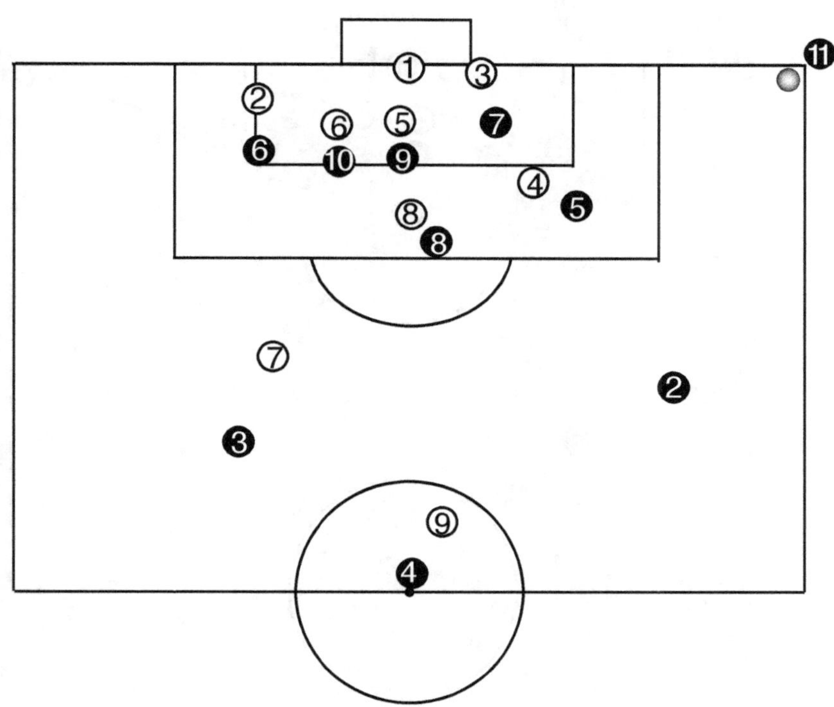

Propuesta para ejercicio 21.

Saque de esquina a favor de nuestro equipo, en zona 1 derecha. Se saca sobre el primer poste, costado de área de meta.

11 situado para hacer el saque de esquina. Los movimientos de 9 y 10 y la posición de 6, tienen como objetivo crear espacio libre y confusión en el bloque defensivo contrario. 5 se ofrece para saque abierto, arrastrando a su marcador, pero 11 hace el saque al ofrecimiento de 7, que prolonga hacia la zona de primer palo para que remate 8 que ha ganado la posición a su marcador.

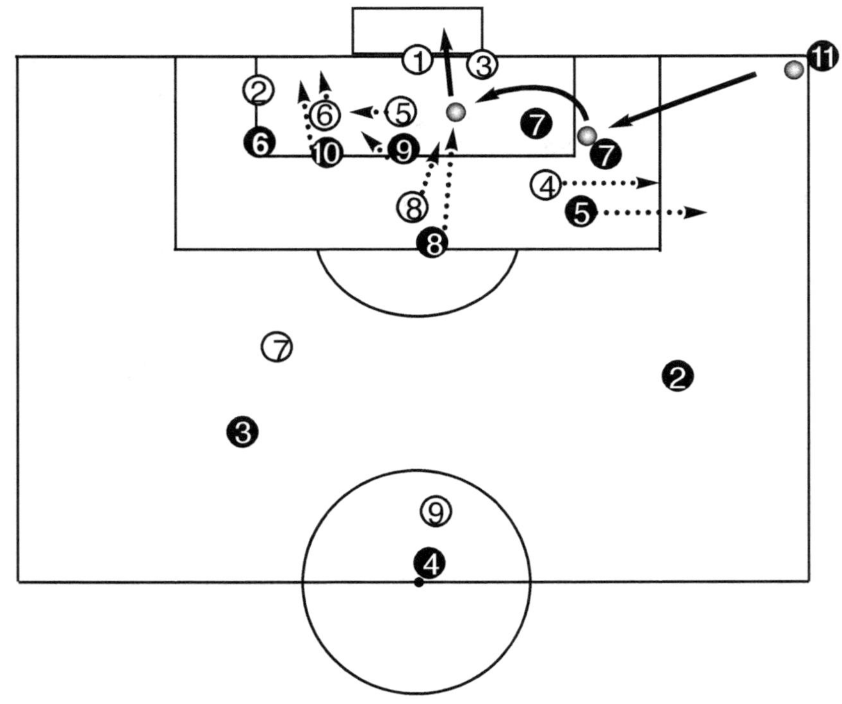

Ejercicio 22.

Saque de esquina a favor de nuestro equipo, en zona 1 izquierda. Se saca sobre el segundo poste.

Los jugadores contrarios marcan a los nuestros en la posición que aparecen en el campo.

▶ En el gráfico siguiente, y aplicando la estrategia ofensiva que creas más favorable, representa la jugada completa, indicando con flechas todos los movimientos de jugadores y balón.

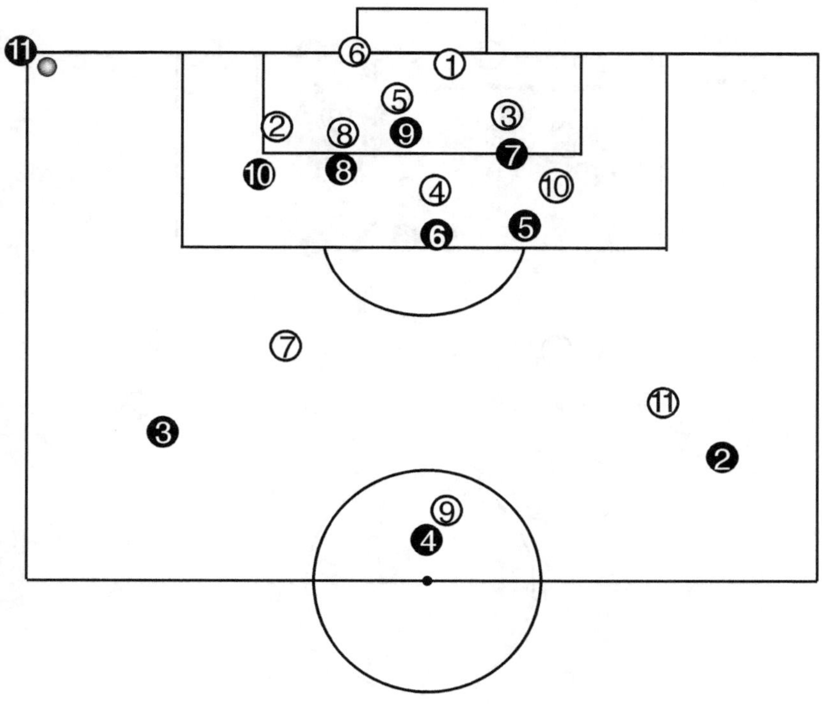

Propuesta para ejercicio 22.

Saque de esquina a favor de nuestro equipo, en zona 1 izquierda. Se saca sobre el segundo poste.

11 situado para hacer el saque de esquina. 10 se ofrece en dirección al saque. 8, 9 y 7, hacen movimientos favorecedores de la jugada y creando espacio en el segundo poste, que es donde 11 situará el balón para que remate a puerta 5.

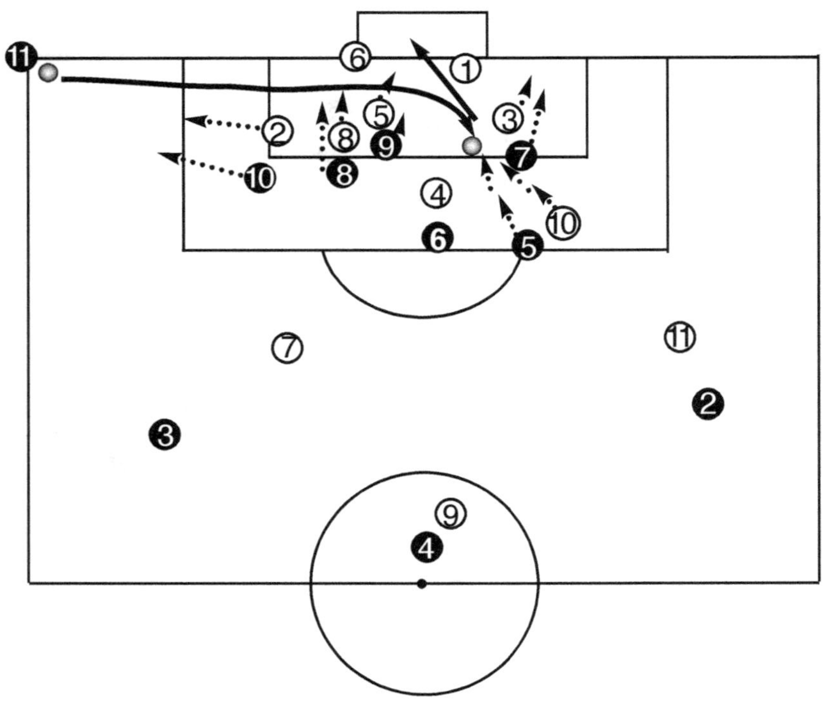

Ejercicio 23.

Saque de esquina a favor de nuestro equipo, en zona 1 derecha. Se intenta situarlo entre el punto de penalty y el frontal del área de meta.

Los jugadores contrarios marcan a los nuestros en la posición que aparecen en el campo.

▶ En el gráfico siguiente, y aplicando la estrategia ofensiva que creas más favorable, representa la jugada completa, indicando con flechas todos los movimientos de jugadores y balón.

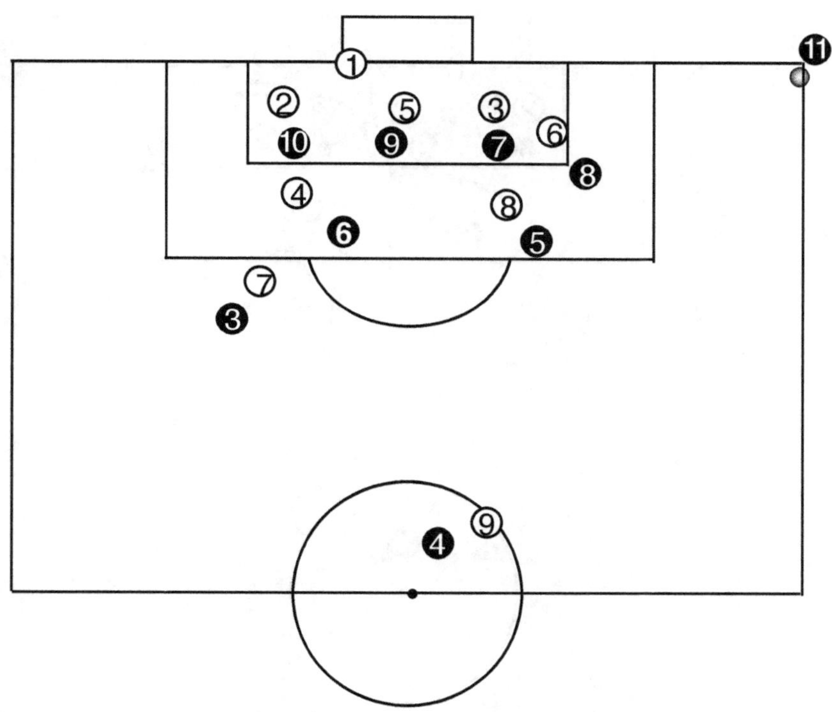

Propuesta para ejercicio 23.

Saque de esquina a favor de nuestro equipo, en zona 1 derecha. Se intenta situarlo entre el punto de penalty y el frontal del área de meta.

11 situado para hacer el saque. Los movimientos de 10 y 7 y las posiciones de 9, 5 y 3, favorecerán la jugada. 8 se ofrece en dirección al saque de esquina, pero 11 envía el saque sobre el frontal del área pequeña, donde rematará 6 que viene desde atrás y gana la posición a su marcador.

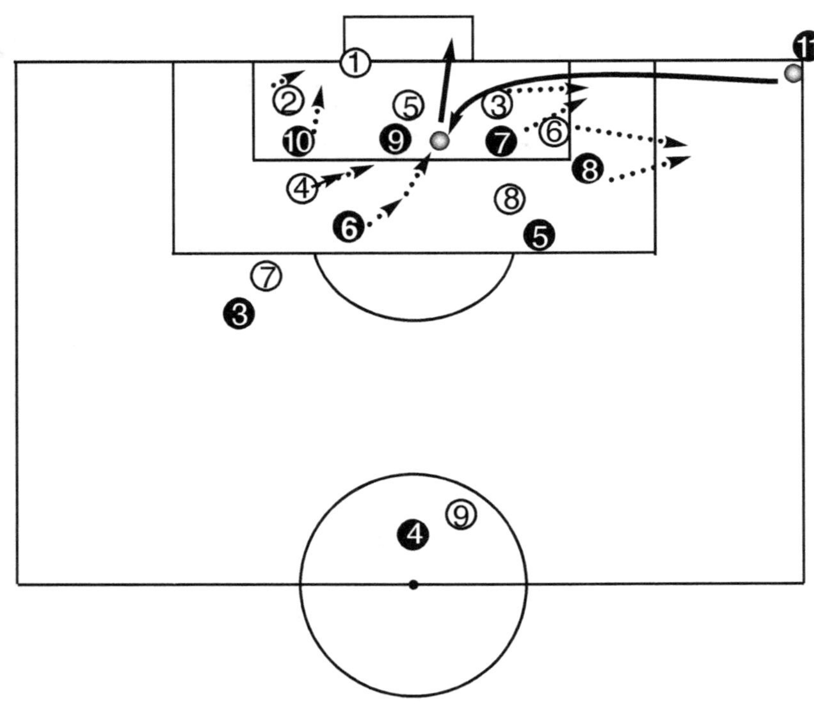

Ejercicio 24.

Saque de esquina a favor de nuestro equipo, en zona 1 izquierda. Se saca en corto para situar después en segundo poste.

Los jugadores contrarios marcan a los nuestros en la posición que aparecen en el campo.

▶ En el gráfico siguiente, y aplicando la estrategia ofensiva que creas más favorable, representa la jugada completa, indicando con flechas todos los movimientos de jugadores y balón.

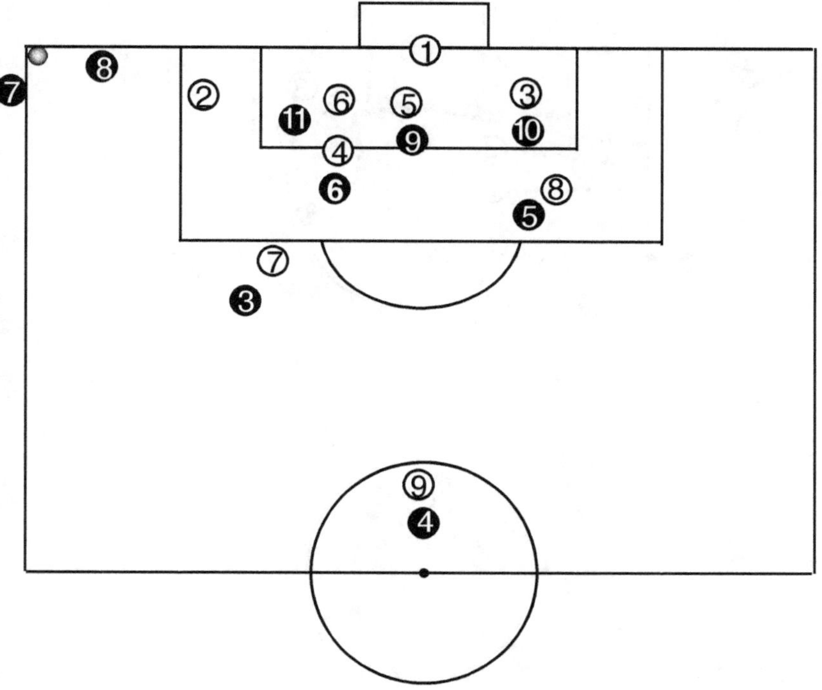

Propuesta para ejercicio 24.

Saque de esquina a favor de nuestro equipo, en zona 1 izquierda. Se saca en corto para situar después en segundo poste.

7 situado para hacer el saque de esquina. Los movimientos de 10, 9 y 11 y la fijación de 3, favorecerán la jugada. 6 se ofrece para recibir el saque, arrastrando a su marcador, pero 7 saca en corto sobre 8 que le devuelve al primer toque para que centre sobre el segundo poste

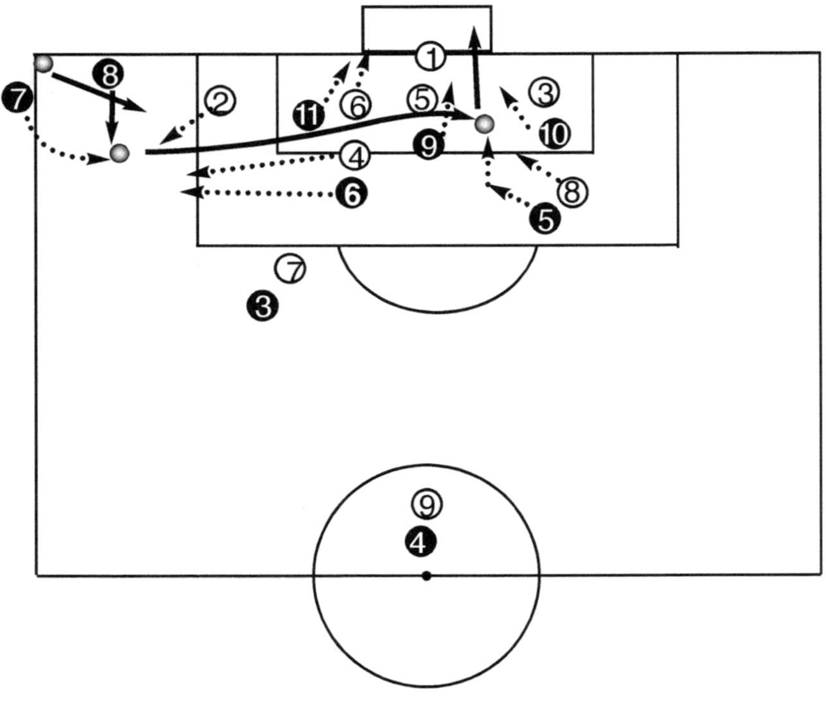

■

CONCLUSIÓN

Como dijimos en la Introducción, partimos de la base de que, a quien conoce la teoría de las distintas materias del fútbol, puede serle más fácil el practicarlo. Por ello, si a través del tiempo que el lector haya dedicado a este libro:

En el caso de futbolistas jóvenes:

• Directamente o a través de la ayuda de su padre, le ha ayudado en el proceso de enseñanza/aprendizaje que tenía programado su entrenador

• Ha clarificado conceptos y principios relacionados con el juego práctico.

En otros lectores:

•Ha conseguido activar o incrementar sus conocimientos en conceptos básicos de fútbol

•Ha obtenido la información que buscaba sobre este deporte, en esta conclusión, reiteramos que ese era nuestro objetivo.

BIBLIOGRAFÍA

WANCEULEN FERRER, Antonio; WANCEULEN MORENO, Antonio y WANCEULEN MORENO, Jose F. (2008) *Bases para el proceso de selección y formación de jóvenes futbolistas para el alto rendimiento*. Sevilla, Ed. Wanceulen.

WANCEULEN FERRER, Antonio; WANCEULEN MORENO, Antonio y WANCEULEN MORENO, Jose F., *Como construir con éxito una plantilla de fútbol base en un club de élite*. Editorial Wanceulen. Sevilla, 2011.

WANCEULEN FERRER, Antonio; WANCEULEN MORENO, Antonio y WANCEULEN MORENO, Jose F., *Sistemas de juego en fútbol–7*. Editorial Wanceulen. Sevilla, 2011.

WANCEULEN FERRER, Antonio; WANCEULEN MORENO, Antonio y WANCEULEN MORENO, Jose F. Valoración táctica del futbolista. Editorial Wanceulen. Sevilla, 2011.

BERNAL RUIZ, Javier A. WANCEULEN MORENO, Antonio y WANCEULEN MORENO, Jose F. *Organización y desarrollo de un campus de fútbol base*. Fútbol: Cuadernos Técnicos nº 34 Ed. Wanceulen. Sevilla, 1997.

WANCEULEN FERRER, Antonio; VALENZUELA LOZANO, Miguel; WANCEULEN MORENO, Antonio y WANCEULEN MORENO, Jose F. *Fútbol formativo: aspectos metodológicos*. Editorial Wanceulen. Sevilla, 2011.

WANCEULEN FERRER, Antonio; VALENZUELA LOZANO, Miguel; WANCEULEN MORENO, Antonio y WANCEULEN MORENO, Jose F. *Organización del fútbol formativo: en un club de élite*. Editorial Wanceulen. Sevilla, 2011.

WANCEULEN FERRER, Antonio. *El Fútbol como medio educativo: sus posibilidades en el desarrollo de los valores humanos. Fútbol: Cuadernos Técnicos* nº 13. Wanceulen Editorial Deportiva. Sevilla, 2003.

WANCEULEN FERRER, Antonio (1982). *Las Escuelas de Fútbol*. Madrid, Ed.Esteban Sanz.

WANCEULEN FERRER, Antonio. *Las Escuelas de Fútbol. El Entrenador Español*. Ed. Comité Nacional de Entrenadores de Fútbol. Madrid, 1982.

WANCEULEN FERRER, Antonio. *Las Escuelas de Fútbol : Pasado, Presente y Futuro». Fútbol: Cuadernos Técnicos* nº 1. Wanceulen Editorial Deportiva. Sevilla, 2002.

WANCEULEN FERRER, Antonio y DEL PINO VIÑUELA, Jose Emilio (1997). *Fichas teóricas: funciones específicas por puestos. Fútbol: Cuadernos Técnicos* nº 16. Wanceulen Editorial Deportiva. Sevilla, 2004.

WANCEULEN FERRER, Antonio; WANCEULEN MORENO, Antonio y WANCEULEN MORENO, Jose F. (2008). B*ases para el proceso de selección y formación de jóvenes futbolistas para el alto rendimiento*. Sevilla, Wanceulen Editorial Deportiva.

WANCEULEN FERRER, Antonio; WANCEULEN MORENO, Antonio y WANCEULEN MORENO, Jose F. *Bases para la detección y selección de talentos para el fútbol de alto rendimiento. Fútbol: Cuadernos Técnicos* nº 12. Wanceulen Editorial Deportiva. Sevilla, 2003.

WANCEULEN FERRER, Antonio; WANCEULEN MORENO, Antonio y WANCEULEN MORENO, Jose F. *El perfil del joven futbolista para el alto rendimiento. Fútbol: Cuadernos Técnicos* nº 36. Wanceulen Editorial Deportiva. Sevilla, 2007.

WANCEULEN FERRER, Antonio; WANCEULEN MORENO, Antonio y WANCEULEN MORENO, Jose F. *El proceso de selección y formación del joven futbolista. Fútbol: Cuadernos Técnicos* nº 37 Wanceulen Editorial Deportiva. Sevilla, 2007.

WANCEULEN FERRER, Antonio; WANCEULEN MORENO, Antonio y WANCEULEN MORENO, Jose F. *Enseñar a competir. Filosofía del proyecto formativo. Fútbol: Cuadernos Técnicos* nº 36. Wanceulen Editorial Deportiva. Sevilla, 2007.

WANCEULEN MORENO, Antonio. *Estructuración Metodológica de la sesión de entrenamiento en el fútbol base. Fútbol: Cuadernos Técnicos nº 7*. Wanceulen Editorial Deportiva. Sevilla, 2003.

WANCEULEN FERRER, Antonio; WANCEULEN MORENO, Antonio y WANCEULEN MORENO, Jose F. *La competición en el joven futbolista. visiones positiva y negativa. Fútbol: Cuadernos Técnicos* nº 39. Wanceulen Editorial Deportiva. Sevilla, 2007.

WANCEULEN MORENO, Antonio. *La determinación de objetivos y la secuenciación de contenidos técnico-tácticos en las distintas etapas formativas en la estructura de cantera de un club de fútbol de élite. Fútbol: Cuadernos Técnicos* nº 18. Wanceulen Editorial Deportiva. Sevilla, 2004.

WANCEULEN FERRER, Antonio; WANCEULEN MORENO, Antonio y WANCEULEN MORENO, Jose F. *Los factores socio-ambientales en el proceso de selección y formación de jóvenes futbolistas. Fútbol: Cuadernos Técnicos* nº 38. Wanceulen Editorial Deportiva. Sevilla, 2007.

WANCEULEN FERRER, Antonio; WANCEULEN MORENO, Antonio y WANCEULEN MORENO, Jose F. *Metodología global y metodología analítica: su aplicación al proceso de enseñanza-aprendizaje de la técnica y táctica del fútbol. Fútbol: Cuadernos Técnicos* nº 12. Wanceulen Editorial Deportiva. Sevilla, 2003.

WANCEULEN MORENO, Antonio (1997) *Estructuración Metodológica de la sesión de entrenamiento en el fútbol base. Fútbol: Cuadernos Técnicos* nº 7 Ed. Wanceulen. Sevilla, 1997.

Colección
MEJORA TU FÚTBOL

Mejora tu fútbol: **Funciones básicas en cada puesto**

Mejora tu fútbol: **La táctica**

Mejora tu fútbol: **Las jugadas a balón parado en fútbol–11**

Mejora tu fútbol: **La técnica**

Mejora tu fútbol: **Las reglas del juego en fútbol–11**

Mejora tu fútbol: **Condición Física**

Mejora tu fútbol: **La salud de joven futbolista**

Mejora tu fútbol: **Actitud para llegar al alto rendimiento**

Mejora tu fútbol: **Las jugadas a balón parado en fútbol–7**

Mejora tu fútbol: **Las Reglas de juego de fútbol–7**

www.ingramcontent.com/pod-product-compliance
Lightning Source LLC
LaVergne TN
LVHW010943110826
845149LV00013B/2730

* 9 7 8 8 4 9 9 9 3 3 9 8 6 *